Afrodisyas
Sebasteion
Sevgi Gönül Salonu

Aphrodisias
Sebasteion
Sevgi Gönül Hall

Afrodisyas
Sebasteion
Sevgi Gönül Salonu

Aphrodisias
Sebasteion
Sevgi Gönül Hall

YKY

Yapı Kredi Yayınları / Yapı Kredi Publications - 2715
ISBN 978-975-08-1439-6

Afrodisyas Sebastion Sevgi Gönül Salonu
Aphrodisias Sebastion Sevgi Gönül Hall

Katkıda bulunanlar / Contributors
Yapı Kredi Kültür Sanat Yayıncılık Ticaret ve Sanayi A.Ş.
R.R.R. Smith
Mesut Ilgım
Hâkime Özgüven - Geyre Vakfı Genel Sekreteri

Fotoğraflar / Photographs
Mesut Ilgım

Editör / Editor
Begüm Kovulmaz

Düzelti / Proofreading
Mahmure İleri

Grafik tasarım / Graphic design
Yeşim Balaban

Baskı / Printing
Mas Matbaacılık A.Ş.
Hamidiye Mah. Soğuksu Cad. No:3 Kağıthane /İstanbul
Tel: (0212) 294 10 00 e-posta: info@masmat.com.tr
Sertifika No / Certificate No: 0905-34-00015

1. baskı / first edition: İstanbul, Mayıs / May 2008

Yapı Kredi Kültür Sanat Yayıncılık Ticaret ve Sanayi A.Ş
Yapı Kredi Kültür Merkezi
İstiklal Caddesi No. 161 Beyoğlu 34433 İstanbul
Tel / Phone: (90 212) 252 47 00 (pbx) Fax: (90 212) 293 07 23
http://www.yapikrediyayinlari.com
e-posta: ykykultur@ykykultur.com.tr
İnternet satış adresi: http://yky.estore.com.tr
http://alisveris.yapikredi.com.tr
http://www.yapikredi.com.tr

SUNUM

1979-1986 yılları arasında Prof. Kenan T. Erim tarafından yapılan kazılarda günışığına çıkan ve antik dünyada bir benzeri daha bulunmayan, Sebasteion tapınağına ait, sanat değeri çok yüksek kabartmalar, nihayet sergileniyor.

Yıllardan beri, her biri bir sanat şaheseri olan bu kabartmalar kazı evinin veya müzenin depolarında, teşhir edilecekleri uygun bir mekanın oluşmasını beklediler.

Geyre Vakfı olarak hazırlattığımız muhtelif projeler, çeşitli yönleri ile, gerek kendi aramızda gerek kazı heyeti üyeleri ile uzun uzun tartışıldı.

Bunların modern müzecilik anlayışına uygunluğu irdelenirken, bir yandan da mevcut müze binası ve sit alanı ile uyumu incelendi.

Nihayet 2006 yılında Mimar. Müh. Cengiz Bektaş görevlendirildi.

Aylar süren araştırma ve çalışmalar sonucunda en uygun yer belirlendi ve proje çalışmasına başlanıldı.

Bu arada kazı heyeti tarafından seçilen yerde arkelojik kazı yapıldı. Bulunan geç Roma dönemine ait yerleşim kalıntıları da dikkate alınarak, bunlara zarar vermeyecek bir mimari türü benimsendi.

2007 yılı Şubat ayında temel atıldıktan sonra aynı yılın Ekim ayında proje tamamlandı.

Bu hali ile Sevgi Gönül Sebasteion Salonu, tarihi ve kültürel mirasımıza saygı ve duyarlılığın bir örneği olarak ortaya çıktı.

Başta Sevgi Gönül olmak üzere, Geyre Vakfı'nın katkıları ile gerçekleştirilen bu proje sayesinde, gün ışığına çıkmalarından yirmi iki sene sonra, Sebasteion kabartmaları, yerli ve yabancı gezginler ve bilim adamlarının beğenisine sunuluyor.

Kanaatimizce, Batı Anadolu'nun bu benzersiz antik kenti bundan böyle daha fazla ilgi çekecek, daha fazla sayıda gezgin tarafından ziyaret edilecektir.

Bu kitapçık, okura gerek Sebasteion'un özellikleri, gerek teşhir edilen kabartmalar hakkında özet bilgiler vermektedir.

Projenin gerçekleşmiş olmasından mutluluk duyarken, bir yandan da, çok arzu ettiği bu projenin hayata geçirilişine şahit olamayan halam Sevgi Gönül'ü rahmetle anıyorum.

Ömer M. KOÇ

PREFACE

The superb reliefs, unique in the ancient world that were found at Aphrodisas are at last being exhibited.

These high reliefs belonging to the Sebasteion temple were discovered by Prof. Kenan T. Erim during excavations carried out between 1979-1986.

For years these masterpieces have languished in the excavation house and museum stores waiting for a suitable home in which they could be exhibited to the public.

As members of the Geyre Foundation we have commissioned several design projects, which have been debated at length among ourselves and with members of the excavation team.

Our main concerns were that the designs meet modern museum standards and harmonise with the existing museum building and the conservation area.

Finally in 2006 the architect Cengiz Bektaş was commissioned to produce a design.

After months of research and preliminary work the most appropriate site was chosen and work began on designing the building itself.

Meanwhile archaeological excavations were carried out on the chosen site, uncovering remains of a late Roman settlement. Consequently the new building was designed to avoid any harm to these remains.

In February 2007 the foundations were laid and construction was completed in October of the same year.

In this way the Sevgi Gönül Sebasteion Hall emerged as an outstanding example of sensitivity and respect for historical and cultural legacy.

Thanks to this building constructed with the contributions of Sevgi Gönül and the Geyre Foundation, the Sebasteion reliefs can now be seen by local and foreign visitors and scholars, 22 years after they were first uncovered.

In my view the outstanding ancient city of Aphrodisias in Western Turkey will attract even more visitors now that these masterpieces are on show to the public.

This booklet contains brief accounts of the Sebasteion and its high reliefs.

I am delighted at the completion of this long awaited gallery, which is dedicated to the memory of my aunt Sevgi Gönül, who sadly did not live to see the realisation of a project in which she was so deeply interested.

Ömer M. KOÇ

GEYRE VAKFI - AFRODİSYAS KAZILARI

1987 yılında bir avuç Afrodisyas sevdalısı tarafından kurulmuş olan Geyre Vakfı, Afrodisyas antik kentinde kültür, bilimsel araştırma ve geliştirme konularında faaliyette bulunmayı amaç edinmiş ve kuruluş tarihinden itibaren Afrodisyas Antik kentinde devam eden kazı ve restorasyon çalışmaları için kaynak yaratmaktadır.

Diğer yandan Afrodisyas antik kentinin korunarak çevrenin de kalkınmasına yönelik çalışmalara destek verilirken, antik çağın bu eşsiz eserlerinin ve Afrodisyas antik kentinin dünya kamuoyunda tanınmasının sağlanmasına yönelik çalışmalar yapılmaktadır.

Vakıf 17 Ocak 2008 tarih ve 2008/13159 sayılı T.C. Bakanlar Kurulu kararı ile kamu yararına çalışan vakıf statüsü kazanmıştır.

Vakıf Çalışmaları ve Afrodisyas'ın Geleceğine Katkımız

Afrodisyas Antik Kenti'nin korunarak yaşatılmasını hedefleyerek 2004 yılında Mimar Sinan Üniversitesi Şehir ve Planlama Bölümü ile birlikte Afrodisyas Koruma Planı için girişimlerde bulunularak Vakfımızca ön çalışma raporu hazırlanmıştır.

2007 yılından itibaren T.C. Kültür ve Turizm Bakanlığı ile Vakfımız Afrodisyas Alan Yönetimi konusunda birlikte çalışmakta ve bölgenin korunarak kalkınması hedefine yönelik çalışmalara destek sağlamaktadır.

Sebasteion Kabartmaları - Sevgi Gönül Salonu

Geyre Vakfı, kuruluşunun 21. yılında başta müteveffa Sevgi-Erdoğan Gönül olmak üzere Afrodisyas dostlarımızın katkılarıyla ülkemizin tarihi mirasına Sebasteion Kabartmaları - Sevgi Gönül Salonu'nu kazandırmayı başarmıştır.

Tarihi mirasa son derece duyarlı bir yaklaşımla Mimar Cengiz Bektaş'ın projesine uygun olarak gerçekleştirilen bu salonda Sebasteion Kabartmaları hikâyeleri ile birlikte teşhir edilmektedir.

Her biri 10-20 parça halinde toprak altından çıkan bu kabartmalar, konunun uzmanı kişiler tarafından onarılarak ziyaretçilerin beğenisine sunulmaktadır.

Bu onarım işi de yine Geyre Vakfı'nın katkıları ile gerçekleşmiştir.

Vakıf, bugüne kadar gerçekleştirdiği pek çok katkının yanı sıra, adı geçen kabartmaların bulunduğu ana mekân, Sebasteion Tapınağı'nın da anastylosis çalışmalarını (yapının yeniden ayağa kaldırılması) desteklemekte olup, 2010 yılı sonuna kadar, bu tapınak da kısmen eski halini almış olacaktır.

GEYRE FOUNDATION – APHRODISIAS EXCAVATIONS

Geyre Foundation was founded in 1987 by a handful of people who love Aphrodisias. The foundation aims to develop cultural and scientific research and development in the antique city of Aphrodisias. The foundation also creates funds for excavation and restoration activities in the antique city.

Geyre Foundation also supports the protection of the antique city of Aphrodisias and the development of the surrounding area, while working for the worldwide recognition of these unmatched works of art and Aphrodisias itself.

The non profit public interest statue of this association was approved by the Council of Ministers resolution number 2008/13159 on January 17, 2008.

Foundation's Work and Our Contribution for the Future of Aphrodisias

In 2004, attampts were made for the Aphrodisias Protection Plan in order to perpetuate the antique city of Aphrodisias. A preliminary work report was prepared in collaboration with Mimar Sinan University Department of City and Regional Planning.

Turkish Ministry of Culture and Tourism and Geyre Foundation have been in collaboration on site management since 2007 and have supported the protection and development of the area.

Sebasteion Reliefs
Sevgi Gönül Hall

Geyre Foundation managed to open Sebasteion Reliefs – Sevgi Gönül Hall on the 21th anniversary of the foundation's establishment and thus made a contribution to the historical heritage of our country with the help of friends of Aphrodisias, the late Sevgi Erdoğan Gönül being the foremost.

Sebastion reliefs and their stories are on display in this hall, which was actualized with an understanding of historical heritage, in accordance with the project of architect Cengiz Bektaş. Reliefs which were excavated in 10-20 pieces were restored by experts and they are now being exhibited for the appreciation of the visitors.

Restoration work was also realized with the contributions of Geyre Foundation.

In addition to the contributions which were actualized until now, Geyre Foundation also supports the anastylosis project of Sebasteion Temple (archeological reassembly of ruined monument) and the temple is going to be partly reconstructed by the end of the year 2010.

Geyre Foundation Board of Directors

President
Ömer M. Koç

Board Chairman
Sennur Hamamcıoğlu
Board Member
Vural Gökçaylı
Board Member
Yasemin Pirinççioğlu
Board Member
Mesut Ilgım

Assistant Board Member
Güneş Öztarakçı
Assistant Board Member
Cemile Garan
Assistant Board Member
Kim Erkan

Sebasteion Sevgi Gönül Salonu
Sebasteion Sevgi Gönül Hall

Katkıda Bulunanlar
Contributors

1961-91 yılları arasındaki 30 yıllık sürede Afrodisyas kazılarını gerçekleştiren Prof. Dr. Kenan T. Erim, bu antik kenti dünyaya kazandırdı.
1979-85 yılları arasındaki kazılarda ortaya çıkarılan Sebasteion Sevgi Gönül Salonu, Roma İmparatorluk Dönemi tapınak kompleksine ait kabartmaları sergilemektedir.
Sebasteion Sevgi Gönül Salonu'nun inşası ve kabartmaların restorasyonu aşağıdaki birey ve kurumların desteğiyle gerçekleşmiştir:

Prof. Dr. Kenan Erim was the chief of Aphrodisias excavations for 30 years between 1961-1991 and he is the foremost contributor to the worldwide fame of Aphrodisias.
Reliefs from the Roman Empire Era temple complex which were excavated between 1979-85 are on display in Sebasteion Sevgi Gönül Hall.
Restoration of the reliefs and construction of Sebasteion Sevgi Gönül Hall was actualized with the support of the following:

Kenan Erim
Sevgi Gönül – Erdoğan Gönül
Rahmi M. Koç
Semahat Arsel – Vehbi Koç Vakfı
Ömer M. Koç

Geyre Vakfı, İstanbul
Fuat Bayramoğlu
Vural Gökçaylı
Sennur Hamamcıoğlu
Yasemin Pirinççioğlu

Ayşe Sılan
Abdurrahman Hancı
Mesut Ilgım
Güneş Öztarakçı
Cemile Garan
Kim Erkan

Ethem Sancak
Gilles Leraille
Yapı Kredi Özel Bankacılık

Sebasteion Sevgi Gönül Salonu Kabartmaları
Sebasteion Sevgi Gönül Hall Reliefs

Kabartmalara maddi destek aşağıdaki tarafından sağlanmıştır:
Individual sculptures were sponsored by:

Emel Harunoğlu	Ankihises ve Afrodit
Tülin - Erdoğan Demirören	Truva'dan Kaçış
Guia - Aldo Kazlowski	Genç Kahraman ve Köpekleri
Cemile Garan	Leda ve Kuğu
Rüksan-Mehmet Ürgüplü	Üç Güzeller
Şeyma (Bilimer) Arsel	Apollon ve Kahraman
Eva - Hanri Maçaro	Nysa ve Bebek
Sema-Barbaros Çağa	Apollon ve Müz
Monik - Ceri Benardate	Io ve Argos
Sema - Gürbüz Tümay	Meleoger ve Atalanta
Sennur - Münir Hamamcıoğlu	Clauidius ve Agrippina
Ömer M. Koç	Oturan Zeus
Tilda Hassan	Virtus Tarafından Taçlandırılan Afrodit
Semahat Arsel	Trofe Taşıyan Kadın
Elçin Benice Gümrükçüoğlu - (*Seniha Ve Ethem Izzet Benice*) adına	İki Prens
Jülide Berkman	Bellerophontes
Elçin - Rahmi Gümrükçüoğlu	Savaş Tanrısı Ares
Yasemin-Fatih Karamancı	Neron ve Agrippina
Ayşe Beyazıt	Neron ve Tutsak
Fulya - Eşref Cerrahoğlu (*Tilda-Rifat Hassan Armağanı*)	Tiberius
Gülden - Necmettin Tüfekçi	Poseidon
Saffet - Belma Simavi	Nymps ve Bebek Dionisos
Francesca Von Habsburg	Ethnos With Headband
Ender Mermerci	Blue Horse

Mimar / *Architect*: Cengiz Bektaş
Proje Koordinatörü / *Project coordination*: Orhan Atvur
Mermer Kabartmaların Konservasyonu / *Conservation of marble reliefs*: Trevor Proudfoot, Cliveden Conservation ve Hikmet Apaydın yönetimindeki yerli taş ustaları / *Trevor Proudfoot, Cliveden Conservation, with local specialists under Hikmet Apaydın*
Sergi Tasarımı ve Kabartmaların Montajı / *Exhibition design and installation of reliefs*: Gerhard Paul, Thomas Kaefer
Bilgi Panolarının Tasarımı / *Design of information panels*: Harry Mark
Arkeolojik Araştırma / *Archaeological research*: R.R.R. Smith

Roma İmparatorluğu'nun uzun süren hakimiyeti –Pax Romana– altında gelişen Afrodisyas, Batı Anadolu'daki zengin klasik dönem kentlerinden biridir. Kent, antik Karya'nın bir parçası olup Roma'nın Asya eyaleti bünyesinde M.Ö. 38'de özerklik kazanmışır. Son derece iyi korunaklı yerleşim yeri, Menderes nehrinin güneyindeki verimli ovada kurulmuştur ve Ege denizine 200 km uzaklıktadır. 1961 yılında New York Üniversitesi'nin başlattığı kazı çalışmaları, 1990 yılına kadar Prof. K. T. Erim yönetiminde gerçekleşmiş, 1991'den itibaren ise tarafımdan devam ettirilmektedir.

Şehir, antik anlayışa göre kendisini tam bir şehir-devlet haline getiren büyük kamusal binalara (tapınak, agora, bouleterion -meclis binası-, tiyatro, stadyum, hamamlar ve kemerli meydanlara) Roma döneminde kavuşmuştur. Bu binalar ve aralarında yükselen heykeller, kente yaklaşık bir buçuk kilometre uzaklıktan çıkartılan kaliteli yerli mermerden yapılmıştır.

Şehirdeki en önemli anıtsal komplekslerden biri Sebasteion veya diğer adıyla İmparatorlar Tapınağı'dır (M.S. birinci yüzyıl). Tapınak, Roma imparatorları ve Yunan kahramanlarını alışılmadık şekilde bir araya getiren son derece gösterişli mermer kabartmalarla süslenmiştir. Sebasteion kompleksi, günümüzde sürdürülen araştırma ve koruma çalışmalarının önemli bir odağıdır. Geyre Vakfı'nın da katkılarıyla Sebasteion binasının bir bölümünün birebir restorasyonu veya anastilosisi (sütunların yerlerine dikilmesi) yapılmakta olup, günümüze kadar gelen seksen mermer kabartma yeniden koruma altına alınmış ve önemli kabartmaları sergilemek amacıyla, Cengiz Bektaş tarafından tasarlanan yeni bir müze binasında teşhire sunulmuşlardır.

Prof. R.R.R. Smith
Kazı Heyeti Başkanı

Aphrodisias was a properous classical city of western Anatolia that flourished under the long peace of the Roman Empire. The city was part of ancient Caria and fell within the Roman province of Asia from which it was granted local autonomy in 38 BC. The site is extraordinarily well-preserved and lies about 200 km from the Aegean coast, situated in a fertile valley south of the Meander river. The archaeological investigation that was started by a team from New York University in 1961 was directed by Prof K. T. Erim till 1990, and continued by me from 1991 on.

During the Roman period, the town acquired all the grand public buildings that in ancient thinking made it a proper city-state -temple, agora, council house, theatre, stadium, baths, and porticoed squares. These buildings and the statues displayed among them were made of high-quality local marble quarried less than a mile from the site.

One of the most important monumental complexes in the city was the Sebasteion or Temple of the Emperors (first century AD). It was decorated with an extravagant series of marble relief panels that feature an unusual combination of Roman emperors and Greek heroes. The Sebasteion complex is a strong focus of current research and conservation work at the site. With the generous support of the Geyre Foundation, a stone-for stone reconstruction or anastyosis of part of the Sebasteion building is being made, the eighty surviving marble reliefs are being newly conserved, and a new museum hall, designed by Cengiz Bektaş, is being built for the display of the remarkable program of reliefs.

Prof. R.R.R. Smith
Director of Excavation Team

AFRODİSYAS'TA EK MÜZE (SEBASTEION SALONU)

Denizli'nin Tavas ilçesinden (eski Yarengüme) Aydın'ın Karacasu ilçesine giden yol üzerinde, Karacasu'ya 13 km. kala Geyre Köyü vardı. Geyre Köyü gene var; ama Karacasu'ya eski yerinden 2-3 km. daha yakın... Yeni bir köy... "Eskisine ne oldu?" diye soracak olursanız, yeni yerine kaydırıldı... Neden? Çünkü Karya'nın başkenti Afrodisyas üzerine kurulmuştur.

Kimselerin haberi yoktu bundan. 1950'lerin sonunda bir gün, Ara Güler oralarda yolunu yitirdi. Sonunda, gece ulaştığı bir ışık, Geyre Köyü kahvesinin (eski Deveciler Hanı) ışığıydı. Orada geceledi, çünkü masa yerine kullanılan birkaç eskil (antik) taşı görünce ilginç bir yerde olduğunu anlamıştı. Ertesi gün gördüklerinin coşkulu şaşkınlığı içinde elindeki bütün filimleri bitirdi. Uluslararası dergilerde yayınlandı bu fotoğraflar. New York Üniversitesi'nden Prof. Dr. Kenan Erim, yaşamının bundan sonra çizeceği yolu gördü bu fotoğraflarda.

Bir çağlarda, bilinen yeryüzünün sanat, kültür özeğiydi Afrodisyas. Eskil çağın en önemli yontu (heykel) okuluydu. Kazılarla, bana göre eskil çağın en önemli kentsel oylumlar kenti olan Afrodisyas usul usul ortaya çıkmaya başladı. İki agorası, tiyatrosu, odeonu, hamamı, bazilikaları, tapınağı, stadyumu ile... Kenan Erim'in en son kazıp ortaya çıkardığı bir başka önemli yapı da Sebastion'du.

Bir yolun iki yanına yerleştirilmiş üçer katlı iki yapı yalnızca yontular için yapılmıştı... Bir bakıma bir tapınaktı. Yer katında dükkân gibi oylumlar vardı. Üst katların birinde Roma imparatorlarının, ötekinde mitolojik konuların yontuyla anlatımları yer alıyordu.

Afrodisyas'ta bundan 18 yıl önce bir müze yapılmıştı. Ama çok küçüktü. Daha sonra yapılacak büyük müzenin yerine, eskisine ek bir müze yapılması; burada Sebastion yontularının sergilenmesi kararlaştırılmış. Kültür Bakanlığı, Anıtlar Kurulu onaylamış bu kararı...

Geyre Vakfı bu işin tasarımını benden istedi.

Önce bakanlığın ilgili birimlerinin onayı ile yeri belirlendi yapının... Sonra o alanda arkeolojik kazı yapıldı. Roma, Bizans döneminden kalma, çok önemli olmayan duvarlar bulundu.

Bunlar çizildi önce. Sonra buna göre çelik bir yapı tasarlandı. Yapı, kazıklar üzerine oturtulacak biçimde düşünüldü. Kazıklar hiçbir duvar kalıntısına denk gelmeyecek, hiçbir ağaca dokunmayacak biçimde yerleştirildi. Sebastion'a ve yontulara uygun olan 180 cm aralıklı çelik ayaklar, 5.4 m açıklığı geçen çelik kirişlere oturtuldu. Böylece havada tutulan yapının altına girilip her şey görülebiliyor. Böyle bir uygulama ilk kez gerçekleştirildi.

Dış duvar, yerli (Çanakkale Seramik'in bizim için özel ürettiği ölçülerde) klinker, ardında sırasıyla hava boşluğu, ısı, nem yalıtımları, gene hava boşluğu bırakılarak alçıpan olarak tasarlandı.

Yapının ışık dağılımı Yıldız Teknik Üniversitesi'nin ilgili biriminde incelendi. Benim seçtiğim yol uygun bulundu. Tüm yapı 2007'nin ekiminde 7 ay içinde bitirildi...

Cengiz Bektaş

MUSEUM ANNEX AT APHRODISIAS - THE SEBASTEION GALLERY

The village of Geyre used to be 13 km from Karacasu on the road from Tavas (the former Yarengüme) in the province of Denizli to Karacasu in Aydın. Geyre still exists, but has been relocated at a new site 2-3 km nearer to Karacasu. The reason for this is that Aphrodisias, capital of the ancient Caria, lay beneath the old village.

No one knew about this until one evening in the late 1950s, photographer Ara Güler lost his way. He headed for a light that appeared in the darkness and found that it was Geyre's coffeehouse (the former Deveciler Han). Noticing that ancient stones were being used as coffeehouse tables, he decided to spend the night, and the next day he used up all his films in excitement and amazement at what daylight had revealed. These photographs were published in international magazines, and in these photographs Prof. Dr. Kenan Erim of New York University saw the course his life would take from then on.

Aphrodisias was once the lodestone of art and culture in the ancient world, home to antiquity's most important sculpture school. Excavations gradually began to uncover this city, which in my view is the most outstanding in terms of its urban spaces – its two agoras, theatre, odeon, bath, basilicas, temple and stadium. Another major building, the Sebasteion, is the last to have been excavated by Kenan Erim.

The two three-storey buildings on either side of one of the city's streets were intended solely for housing sculptures – a kind of temple of sculpture. On the ground floor were alcoves like shops, while on one of the upper floors were statues of the Roman emperors and on the other sculptures depicting myths.

The museum built at Aphrodisias 18 years ago was very small, and it was decided to enlarge it by constructing an annex to house the sculptures found in the Sebasteion. After the project had been approved by the Council of Monuments and Antiquities, the Geyre Foundation asked me to design the annex. First the site was chosen and approved by the authorities, and then archaeological excavations were carried out on the site, revealing nothing but some Roman and Byzantine walls of minor importance.

First drawings were made of these, and then a steel building which would stand on piles was designed. The piles were positioned to avoid the ancient walls and also the trees growing on the site. Steel pillars were set on steel girders with a span of 5.4 metres, and placed 180 cm apart so as to accommodate the Sebasteion sculptures. In this way it would be possible to walk beneath the building and see everything. This was the first time such a building had been constructed.

The exterior wall was faced in local clinker of specified dimensions produced specially for the project by Çanakkale Seramik. Behind this layer was a hollow space, followed by heat and damp insulation layers, a second hollow space, and finally plasterboard.

Light dispersal in the building was analysed by Yıldız Technical University and the design was endorsed. The building took seven months to construct and was completed in October 2007.

Cengiz Bektaş

AFRODİSYAS - SEBASTEİON KABARTMALARI
APHRODISIAS - SEBASTEION RELIEFS

Kabartmalar

Mermer kabartmalar, Afrodisyas ile Julius-Claudius'lar ailesi arasındaki bağları güçlendirmek amacıyla M.S. 1. yüzyılda inşa edilen bir tapınak kompleksine aittir. Kabartmalarda, Yunan ve Roma konuları sıradışı bir çeşitlilikle betimlenmektedir.

Afrodisyas

Afrodisyas, Afrodit kültü ve mermer heykeltraşları ile ünlüdür. Kent, M.Ö. 1. yüzyılın sonlarında Roma İmparatoru Augustus'un himayesi altına girmiş ve bunu takip eden barış ortamında refaha kavuşmuştur. Kentin yakınında mükemmel mermer ocakları bulunmaktaydı. Kent

Reliefs

The marble reliefs belonged to a temple complex built in the first century AD to celebrate the close relationship of Aphrodisias with the Roman emperors of the Julio-Claudian dynasty. They have an unusual combination of Greek and Roman subjects.

Aphrodisias

The city was famous for its cult of Aphrodite and for its marble sculptors. In the later first century BC, it was taken under the personal protection of the Roman emperor Augustus and prospered under the imperial peace that followed.

merkezi, M.S. 1. ve 2. yüzyıllarda tiyatro, tapınaklar, hamamlar ve portikolu meydanlar gibi etkileyici mermer yapılarla donatılmıştır. Sebasteion, bu yapılardan biridir.

Sebasteion

Sebasteion, kent merkezinin doğusundaki eski bir bölgede ve ızgara kent planının dışında yer alır. Yapı, Afrodit'e ve Roma imparatorlarına adanmıştır ('Sebasteion', 'İmparatorların Tapınağı' anlamına gelmektedir). Yapının inşası, M.S. 20-60 yılları arasında, yani Tiberius ile Nero'nun egemenlikleri sırasında tamamlanmıştır. Yapının masrafları Afrodisyaslı iki önemli aile tarafından karşılanmıştır.

Kompleks, batıdaki giriş kapısı, 12 metre yükseklikteki iki yapıyla sınırlanan uzun bir törensel cadde (90 x 14 m.) ve doğu-

There were excellent local quarries, and the city centre was built up in the first and second centuries AD with imposing marble complexes: theatre, temples, baths, colonnaded squares. The Sebasteion was one of these monuments.

Sebasteion

The complex is situated off the regular grid, in an older quarter, east of the city centre. It was dedicated to Aphrodite and the emperors ('Sebasteion', means 'Temple of the Emperors'). Construction stretched from c. AD 20 to 60, from the reign of Tiberius to that of Nero. The work was paid for by two leading Aphrodisian families.

The complex consisted of an entrance gate at the west, a long processional avenue (90 x 14 m) flanked by 12m-high buildings,

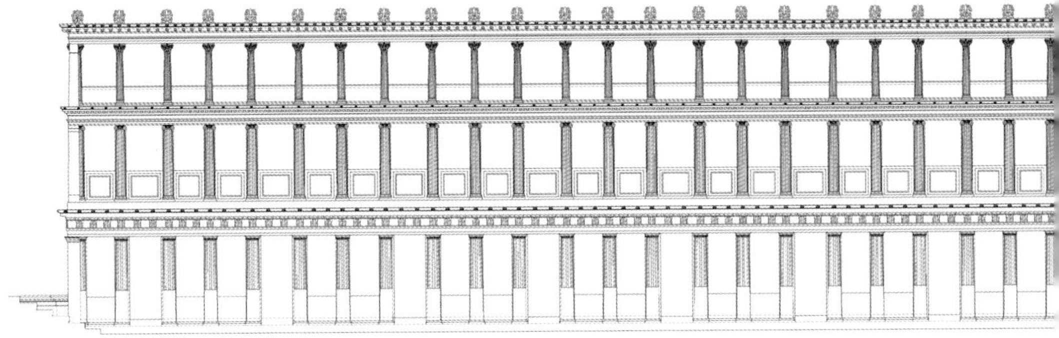

daki yüksek tapınaktan oluşmaktadır. Bu cadde, hem bir kutsal alan hem de bir ana cadde olarak kente hizmet vermiştir.
Sebasteion'un törensel caddesi boyunca kuzey ve güneyde uzanan yapılar üçer katlıdır (Dor, İon ve Korint düzeninde) ve üst katları mermer kabartmalarla baştan sona kaplanmıştır. Kabartmalar, sütunlu mimari ögelerle çerçevelenmiş, böylece yapıların cepheleri adeta mermerden resim panoları sergileyen birer duvar görünümü kazanmıştır. Projenin tamamı için yapılmış olan 200 kabartma panelden 80 kadarı kazılarda ortaya çıkarılmıştır.

Güney yapı: İmparatorlar ve kahramanlar

Güney yapı, Attalos ve Diogenes adındaki iki kardeş ve aileleri tarafından yaptırılmıştır. Üçüncü kattaki kabartmalar Roma İmparatorlarını ve tanrıları, ikinci kattakiler ise Yunan mitolojisinden hikayeleri betimlemektedir. Mitolojik kahramanlar geçmişi; Roma İmparatorları ve onlarla aynı katta yer verilen tanrılar ise bugünü simgelemektedir. Kabartmaların yapı üzerindeki sırası kazılardaki buluntu yerlerinden tespit edilebilmiştir. Sol tarafınızda, güney yapının ikinci katındaki mitolojik kabartmalar yer almaktadır.

and a raised temple at the east end. The long avenue functioned both as a sanctuary space and as an urban thoroughfare.
The north and south buildings that defined the avenue were three-storeyed (Doric, Ionic, Corinthian) and carried marble reliefs in their upper storeys for their whole length. The reliefs were framed by the columnar architecture so that the two facades looked like closed picture-walls. Some 200 reliefs were required for the whole project, and more than 80 were recovered in the excavation.

South building: Emperors and heroes

The south building was sponsored by two brothers, Attalos and Diogenes, and their family. The third-storey reliefs feature emperors and gods, while those in the second storey have scenes from Greek mythology. The heroes of myth represent the past; the Roman emperors above, on the same plane as the Olympian gods, represent the present. The sequence of the reliefs can be reconstructed from their find-places in the excavation. To your left are mythological reliefs from the second storey of the south building.

Kuzey yapı: İmparatorluk halkları

Kuzey yapı, Menandros ve Eusebes adındaki iki kardeş ve aileleri tarafından yaptırılmıştır. Kuzey yapının büyük bir kısmı M.S. 4. yüzyılın ortalarında yıkılmış ve yıkıntılar ortadan kaldırılmıştır. Bu sebeple, güney yapıya kıyasla az sayıda kabartma günümüze ulaşmıştır. Yapının ikinci katında Augustus tarafından imparatorluğa katılan ethné, yani 'halklar' kabartmaları; üçüncü katında ise Roma İmparatorları ile Gün ve Okyanus gibi zaman ve mekanın evrensel alegorilerinin betimlemeleri yer alır. Sağ tarafınızda, yapının üçüncü katında yer alan üç kabartma bulunmaktadır.

North building: Peoples of empire

The north building was sponsored by two brothers, Menandros and Eusebes, and their family. Much of the north building collapsed in the mid-fourth century AD, and was cleared away, so that fewer of its reliefs survive.

The second storey carried reliefs that represent ethné or 'peoples' brought into the Roman empire by Augustus, while the third-storey reliefs featured imperial scenes and universal allegories of time and place, such as Day and Ocean. To your right are three reliefs from this third-storey series.

NERO VE AGRİPPINA

Agrippina, genç oğlu Nero'yu defne yaprağından bir taçla taçlandırmakta, elinde talih ve bereket simgesi olan bir boynuz taşımaktadır. Nero, Roma kumandanlarına özgü zırh ve pelerin giymiş olarak ve ayaklarının yanında yerde duran miğferi ile betimlenmiştir. Kabartma, Nero'nun M.S. 54 yılında tahta çıkışını simgelemekte ve Nero'nun Agrippina'yı öldürttüğü yıl olan M.S. 59'dan önceye tarihlenmelidir.

NERO AND AGRIPPINA

Agrippina crowns her young son Nero with a laurel wreath. She carries a cornucopia, symbol of Fortune and Plenty, and he wears the armour and cloak of a Roman commander, with a helmet on the ground at his feet. The scene refers to Nero's accession as emperor in AD 54, and belongs before AD 59 when Nero had Agrippina murdered.

HEMERA (GÜN)

Hemera veya Gün, arkasında dramatik biçimde dalgalanan ve başını çevreleyen pelerini tutmaktadır. Okeanos kabartmasında da görülen dalgalanan pelerin motifi, uçmak, süzülmek gibi eylemleri ve tanrıların ölümlülere görünmesini (epifani) ifade eder. Gün, Gece figürüyle tamamlanarak imparatorluk düzeninin sonsuza dek devamını simgelemiştir.

HEMERA (DAY)

Hemera or Day steadies a dramatically billowing cloak that frames her head. The motif, also visible on the Okeanos relief, indicates flying, floating, and divine epiphany – the appearance of gods to mortals. Day would be paired with Night: together they signified the eternity of the Roman imperial order.

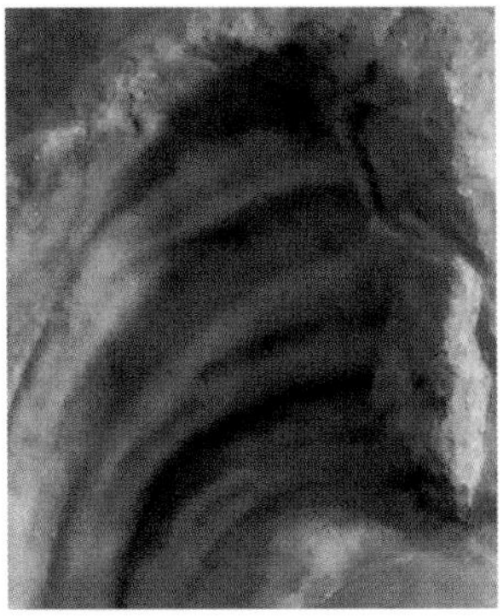

OKEANOS (OKYANUS)

Sakallı tanrı, sağ eliyle başının etrafında dalgalanan pelerini tutarken kendini ölümlülere göstermektedir. Okyanus, Toprak'ı temsil eden figürle tamamlanarak Roma İmparatorluğu'nun kara ve denizler üzerindeki sınırsızlığını simgelemiştir.

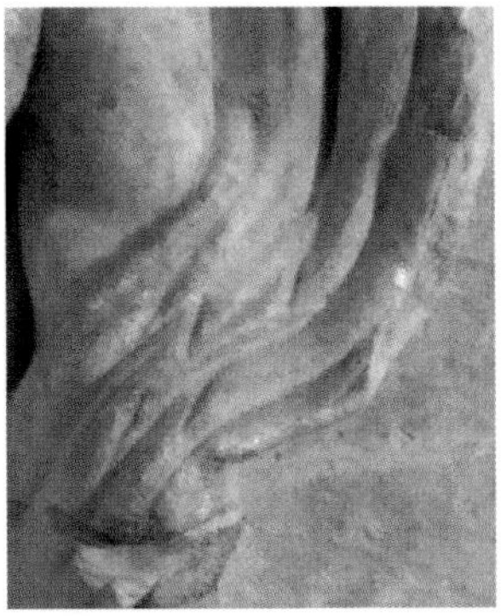

OKEANOS (OCEAN)

The bearded god makes an epiphany, controlling his cloak which billows around his head. Ocean would be paired with Earth: together they represented empire without end, over land and sea.

ETHNĒ: İMPARATORLUK HALKLARI
ETHNĒ: PEOPLES OF EMPIRE

Kuzey yapı: İkinci kat

Kuzey yapının ikinci katında, doğu Afrika'dan batı İspanya'ya kadar uzanan bölgeleri ve halkları (*ethne*) temsil eden 50 adet kabartma yer alır. Figürler, bir portikonun sütunları arasında duran heykelleri andıracak şekilde kaideler üzerine yerleştirilmiştir. Figürler, kaidelerdeki yazıtlarla tanımlanmaktadır—örneğin, *ethnous Dakōn, '(bu figür) Daçya halklarınındır'*. Kabartmaların amacı, Augustus tarafından kurulan dünya imparatorluğunun görsel bir listesini sunmaktır. Günümüze ulaşan kaideler şunlardır:

North building: Second storey

The second storey of the north building featured a series of 50 personified places and peoples (*ethnē*), from eastern Africa to western Spain. The figures stand on projecting bases and were designed to look like statues between the columns of a portico.
An inscribed label named each figure -- for example, *ethnous Dakōn*, 'of the people of the Dacians'. The idea was a visual listing of Augustan world empire.

Ethnous Aigy[ptiōn]	Mısırlılar	Egyptians
[Ethnous Aithiopiōn?]	Etiyopyalılar	Ethiopians
Ethnous Andizetōn	Andizetoslar	Andizeti
Ethnous [Ara]bōn	Araplar	Arabs
Ethnous Bessōn	Bessoslar	Bessi
Ethnous Bosporōn	Bosporoslular	Bosporans
Ethnous Dakōn	Daçyalılar	Dacians
Ethnous Dardanōn	Dardanoslar	Dardani
Ethnous Iapodōn	İapodoslar	Iapodes
Ethnous Ioudaiōn	Yahudiler	Judeans
Ethnous Kallaikō[n]	Galiçyalılar	Callaeci
Ethnous Piroustōn	Piroustoslar	Pirousti
Ethnous Rhaitōn	Rhaitoslar	Rhaeti
Ethnous Trounpeilōn	Trumpiloslar	Trumpilini
Krētē	Girit	Crete
Kypros	Kıbrıs	Cyprus
Sikelia	Sicilya	Sicily

Bu halkların ortak noktası hepsinin Augustus tarafından fethedilip imparatorluğa katılmış olmasıdır. Liste, imparatorluğun sınırlarındaki yabani halkların isimleriyle oluşturulmuştur. Bu isimleri Afrodisyas'ta daha önce pek az kişi duymuş olmalıdır. Yabancı halkların temsil edilmesi fikri, liste ve betimlemeler Roma'daki bir yapıdan örnek alınmıştır.

Dört adet 'halklar' kaidesi
Üstte: yazıtlı kaideler Altta: orman varlıklarının maskeleri, meyve çelenklerini taşımaktadır.

Ethnous Iapodōn
İapodos halkı (modern Hırvatistan)
Yazıt yoktur. Afrikalı Etiyopyalılar'ı temsil eden maske.

Ethnous Ioudaiōn
Yahudi halkı
Yazıt yoktur. Pan'ı (yarı insan, yarı keçi) betimleyen maske.

Kemerli peplos giyen halk figürü
Anaç bir bedene sahip figür, kemerli bir klasik kıyafet giymekte (*peplos*), uzun pelerinini arkasında tutmaktadır. Omzunun üstünde bulunan ve mermer panonun arkasındaki bir deliğe denk gelen kare şeklindeki boşluk, kabartmayı antik devirde vinç ile kaldırıp yapıdaki yerine yerleştirmek için kullanılmıştır.

Piroustos halkı
Figür, Tiberius'un henüz imparator olmadan önce M.S. 6-8 yıllarında fethettiği savaşçı bir Balkan kabilesini kişileştirmektedir. Klasik bir kıyafet ve pelerin giyen

The places and peoples were among those claimed as conquered or brought into the empire under Augustus. The selection emphasised wilder peoples on the edges of the empire. Few in Aphrodisias can have heard of many of them. The idea, the list, and the images were borrowed directly from a monument in Rome.

Four ethnos bases
Above: inscribed labels. Below: masks of woodland creatures support fruit garlands.

Ethnous Iapodōn
Ethnos of the Iapodes (area of modern Croatia)
Inscription missing. Mask of African Ethiopians.

Ethnous Ioudaiōn
Ethnos of the Judeans
Inscription missing. Mask of Pan (half-man, half-goat).

Ethnos with belted peplos
The matronly figure wears a belted classical dress (*peplos*) and held her long cloak up behind. The square hole above the shoulder, with a corresponding hole in the back, was for lifting the finished relief into the ancient building by crane.

Ethnos of the Pirousti
The figure personifies a Balkan warrior tribe, defeated by Tiberius in AD 6-8, before he became emperor. She wears classical dress, cloak, and helmet, and carries a small shield and probably once a spear. A builder's inscription (*Piroustōn*: written

figür, miğfer takmakta, küçük bir kalkan ile muhtemelen bir de mızrak taşımaktadır. Kalkanın sağ üst tarafına inşaat ustası tarafından kazınmış küçük bir yazıt (*Pirouston*), kabartmanın, *ETHNOUS PIROUSTŌN* yazıtlı kaidenin üzerine yerleştirilebilmesini sağlamıştır.

Daçya halkı

Daçya halkı, esir bir barbar kadın olarak betimlenmiştir. Figür, kollarını çapraz olarak teslimiyet ile birleştirmektedir. Figürün kalın elbisesi, bir göğsünü kısmen açıkta bırakarak omzundan kaymaktadır. Figürün arkasındaki küçük boğanın ön kısmı yandan görülmektedir. Daçya (modern Romanya), imparator Augustus tarafından M.Ö. 1- M.S. 4 yılları arasında fethedilmiştir.

Bessos Halkı

Bessoslar, modern Bulgaristan civarında yaşayan savaşçı bir Trakya kabilesiydi. Augustus'un orduları Bessoslara karşı M.Ö. 35, 29 ve 11 yıllarında sefere çıkmıştır. Betimlenen figür, kemerli bir kıyafet ve başını örten uzun bir pelerin giymektedir. Figürün başındaki saç bandı Dionysos'un simgelerinden biridir ve Trakya kabilelerinin Dionysos'a olan bağlılıklarını gösterir. Yerde duran konik başlık da muhtemelen başka bir etnik simgedir.

Girit

Klasik saç stili, kıyafeti ve pozu, kabartmadaki figürü barbar ve esir olarak değil, medeni ve 'özgür' olarak betimlemektedir. Figür, iki elinde de bugün kaybolmuş olan simgeler taşımaktadır.

above and to right of shield) ensured the relief was put on the correct base, inscribed *ETHNOUS PIROUSTŌN*.)

Ethnos of the Dacians

The Dacians are shown as a captive barbarian woman. Her arms are crossed in submission, and her thick dress slips off the shoulder partly revealing the breast. The forepart of a small bull stands in profile behind. Dacia (modern Romania) was claimed by Augustus as a conquest in 1 BC to AD 4.

Ethnos of the Bessi

The Bessi were a war-like Thracian tribe in the area of modern Bulgaria, against whom Augustus' armies campaigned in 35, 29, and 11 BC. The figure wears a belted dress and long cloak veiled over the head. The distinctive headband is an attribute of Dionysos and alludes to the well known enthusiasm of the Thracian tribes for the god. The conical hat on the ground was probably another ethnic marker.

Krete

The classical hairstyle, dress, and pose characterize the figure as civilised and 'free', as opposed to barbarian and captive. Attributes are missing from both hands.

ΕΘΝΟΥΣ
ΔΑΚΩΝ

ΕΘΝΟΥΣ

TANRILAR VE İMPARATORLAR
GODS AND EMPERORS

Güney yapı: üçüncü kat

Bu kabartmalar güney yapının üçüncü katından gelmektedir. Ka-bartmaların konuları, Roma İmparatorları, imparatorların zaferleri ve Olymposlu tanrılardır. İmparatorlar, güçlü birer savaşçı gibi ve Olymposlu tanrıların eşiti olarak betimlenmişlerdir. Bir yazıtta bahsedildiği gibi bu imparatorlar, *Theoi Sebastoi Olympioi*, yani 'Olymposlu İmparator Tanrılar' dır.

Kabartmalar üçerli gruplar halinde tasarlanmış, en alt kattaki odalara açılan kapıların üzerine geniş olan kabartmalar yerleştirilmiştir (bu kabartmalar, bilgi panolarında BÜYÜK harflerle isimlendirilmiştir.) Kabartmalarda, Augustus, Tiberius, Claudius, Nero gibi belli başlı erken Roma İmparatorları, genç prensler ve hanedan kadınları betimlenmiştir. İmparatorların betimlemelerdeki en önemli etkinlikleri, barbarlar karşısında galibiyetle sonuçlanan savaşlarıdır. Kabartmalar arasında, Claudius'un Britanya'yı, Nero'nun ise Ermenistan'ı fethetmesi gibi Helenistik dönem kahramanlık tarzında sahneler yer alır.

Dünya düzeni, eski ve yeni tanrıların bir arada gösterilmesiyle sağlamlaştırılmıştır. Tanrı kabartmalarının bir kısmı, örneğin, yerel tanrıça Aphrodite kabartması, daha sonraki dönemlerde Hristiyanlar tarafından tahrip edilmiştir.

South building: third storey

These reliefs come from the third storey of the south building. Their subjects are Roman emperors, imperial victory, and the Olympian gods. The emperors are represented as powerful warrior divinities and are mixed with the old gods as near-equal partners. They are, as an inscription calls them, *Theoi Sebastoi Olympioi*, or 'Olympian Emperor Gods'.

The reliefs were arranged in groups of three, with a wider relief (here labeled in CAPITAL letters) above the doorway into each of the rooms. The main early Roman emperors are present: Augustus, Tiberius, Claudius, and Nero, with younger princes and imperial women. Their most important activity is victorious war over barbarians. Claudius conquers Britannia, and Nero conquers Armenia, both in hellenistic heroic style.

World rule is secured by the pantheon of old and new divinities. Some of the gods were later defaced by Christians – for example, the relief of the local goddess Aphrodite which began the series.

AFRODİSYAS APHRODİTE'Sİ

Bu ve bunu takip eden kabartma güney yapının kısa doğu ucundan gelmektedir. Yerel tanrıça Aphrodite, ona ait yuvarlak sunak ve tanrıçaya tapınmak için yaklaşan giyimli kadın figürü tahrip edilmiştir. Hristiyanların inanışına göre, buna benzer kült sahnelerine yerleşen çoktanrılı ruhlar kabartma tahrip edilerek 'etkisiz' hale getirilmiş, aynı amaçla sunağın kenarına bir haç işareti iliştirilmiştir.

APHRODITE OF APHRODISIAS

This relief and the next were placed on the short east end of the south building. The local goddess Aphrodite, a round altar, and an approaching female worshipper have been defaced. The pagan demons which Christians thought inhabited such cult images were 'neutralised' by mutilation and by inscribing a cross on the side of the altar.

LİVİA VE KURBAN SAHNESİ

Augustus'un eşi Livia, Aphrodite'ye kurban sunmaktadır. İmparatoriçenin günümüze ulaşmış başının bir kısmı onu tanımamızı sağlamıştır. Livia, sağ eliyle, solda yer alan ve bugün büyük kısmı tahrip olmuş olan sunağa libasyon (sıvı adağı) dökmektedir. Livia'nın yanındaki kurbana yardım eden kişi ise, bir tepsi içerisinde çeşitli ayin malzemesi taşımaktadır.

LIVIA SACRIFICING

Livia, wife of Augustus, makes a sacrifice Aphrodite. Part of the empress's head survives and identifies the figure. She was pouring a libation with her right hand onto an altar, which is now mostly broken off. A sacrificial attendant carries a tray of ritual equipment.

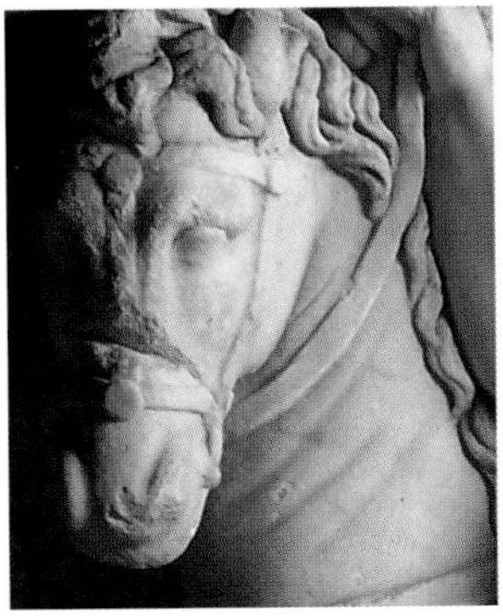

DİOSKUR OLARAK BETİMLENEN PRENS

İmparatorluk ailesine mensup zırhlı prensleri betimleyen iki kabartma, ortalarındaki geniş Augustus kabartmasını çerçevelemektedir. İki prens de kısa saçlı portre başlarıyla ve üzerlerindeki Roma askeri giyimiyle gösterilmiştir. Prenslerin atlarla birlikte oluşturduğu simetrik poz da, onları Dioskurlara, Zeus'un oğullarına benzetmektedir. Figürler şüphesiz Augustus'un (üvey) oğulları Gaius ve Lucius'u betimlemektedir. Üç kabartma bir arada, Augustus'u Zeus, yanındaki oğullarını da Dioskurlar olarak göstermektedir.

IMPERIAL PRINCE AS DIOSKOUROS

A pair of armoured princes frames the wide Augustus relief between. The princes have short-haired portrait heads and Roman armour, while their symmetrical poses, each with a horse, likens them to the Dioskouroi, sons of Zeus. They are surely Gaius and Lucius, Augustus' (adopted) sons. The three reliefs together represent Augustus as Zeus with his sons as the Dioskouroi.

AUGUSTUS VE VİCTORİA (ZAFER)

Çıplak olarak betimlenen imparator Augustus, kanatlı bir Victoria (Nikē) figürü ile yanyanadır. İmparator, elinde bugün tahrip olmuş olan bir mızrak tutmaktadır. İmparatorun ayaklarının altında ise Zeus'a ait kartal durmaktadır. Victoria figürü, üstüne düşman silahları ve kıyafetlerinin (miğfer, zırh, dizlik ve kalkan) takılı olduğu bir zafer direğini (trophe) taçlandırmaktadır. Direğin altında, çıplak ve elleri arkadan bağlı olarak betimlenen barbar halklardan bir esir, adeta kabartmanın tabanına gömülü olarak durmaktadır.

AUGUSTUS AND VICTORY

The naked emperor stands in majesty with a winged Victory (Nikē). He carried a spear and has an eagle, the bird of Zeus, at his feet. Victory is crowning a military trophy – a rough post with enemy armour attached to it (helmet, cuirass, greaves, shield). Beneath the trophy, a barbarian captive, his hands tied behind his back, is 'sunk' into the plinth.

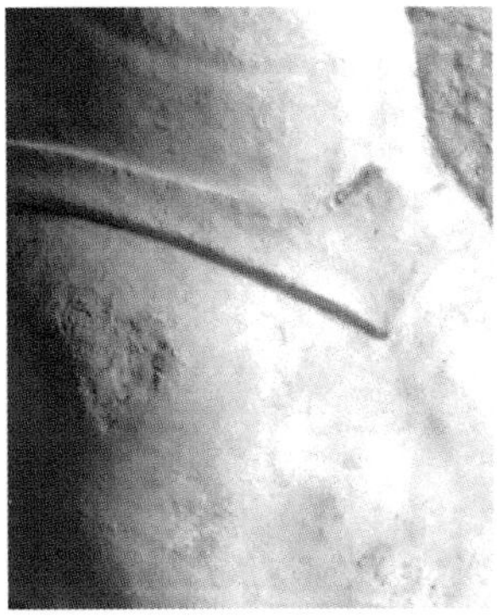

DİOSKUR OLARAK BETİMLENEN PRENS

İmparatorluk ailesine mensup bir genç, bir kumandana özgü askeri pelerin ve zırh giymiş olarak atının yularından tutmaktadır. Bu kabartma, sol taraftaki kabartmada yer alan diğer prens figürü ile bir çift oluşturmakta ve iki kabartma ortalarındaki Augustus kabartmasını çerçevelemektedir. Figürler, şüphesiz Augustus'un (üvey) oğulları Gaius ve Lucius'u betimlemektedir. Ortadaki Augustus'lu kabartmayla birlikte üç kabartma, Augustus'u Zeus olarak, yanındaki oğullarını da Zeus'un oğulları Dioskurlar olarak göstermektedir.

IMPERIAL PRINCE AS DIOSKOUROS

An imperial youth wearing the military cloak and cuirass of a commander holds the reins of his horse. He forms a symmetrical pair with the prince to the left, and both frame the Augustus panel between. They are surely Gaius and Lucius, Augustus' (adopted) sons. The three reliefs together represent Augustus as Zeus with his sons as the Dioskouroi.

CLAUDİUS VE NERO'NUN EVRENSEL YÖNETİMİ
UNIVERSAL RULE OF CLAUDIUS AND NERO

Altı adet yazıtlı kabartma

Söz konusu kabartmalar, 2. ve 3. odalar üzerinde bir grup oluştururlar. Her bir kabartma, kaidesindeki yazıt sayesinde tanımlanabilmiştir. Seçilen konular, Claudius (M.S. 43-54) ve Nero'nun (M.S. 54-68) zaferleri ve dünya imparatorlukları ile ilgilidir. Her grubun ortasındaki geniş kompozisyon, aşağıda BÜYÜK harflerle isimlendirilmiştir:

2. Oda: Ermenistan -- NERO VE HELIOS-- Roma ve Gē (Toprak)
3. Oda: Nero ve Ermenistan --İMPARATORLARIN ZAFERLERİ-- Claudius ve Britanya

Konular, genellikle güneş tanrısı Helios'la özdeşleştirilen genç Nero'nun yönetiminin ilk yıllarıyla ilgilidir. Britanya'nın ve Ermenistan'ın fethi, Claudius ile Nero'nun en büyük zaferleridir ve imparatorluğun en doğu ve en batı noktadaki hakimiyetini simgelerler.

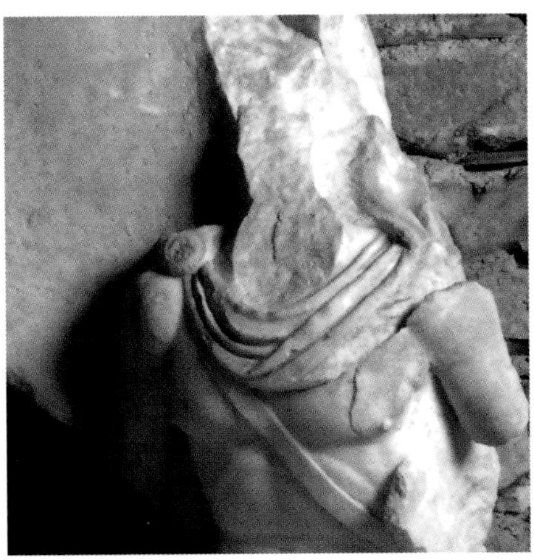

Six inscribed panels

These reliefs formed a group above Rooms 2-3. Each is identified by an inscription. The themes are the victories and world empire of Claudius (AD 43-54) and Nero (AD 54-68). The wider central composition in each group is named in CAPITALS:

Room 2: Armenia --NERO AND HELIOS -- Roma and Gē (Earth)
Room 3: Nero and Armenia -- VICTORY OF EMPERORS -- Claudius and Britannia

The subjects belong early in the reign of young Nero who was widely associated with the sun-god Helios. Britain and Armenia were the 'signature' victories of Claudius and Nero, respectively, and represented imperial victory in furthest east and furthest west.

An ancient construction error

A problem occurred at the Nero and Helios panel. The relief to your right represents Claudius and Agrippina, but it is placed on the base inscribed for Nero and Helios. This is obviously a mistake, but one the ancient builders were forced to make.
The base was found inside Room 2 and cannot be moved from its centre position there. The Claudius and Agrippina relief was found in the avenue nearby, close to

Antik inşaat hatası

Nero ve Helios kabartmasında bir hata göze çarpmaktadır. Sağınızdaki kabartma, Claudius ve Agrippina'yı betimlemekte, buna karşın Nero ve Helios yazıtlı kaidede durmaktadır. Bu çelişki, inşaat ustalarının yapmak zorunda kaldıkları bir hatadır.

Nero ve Helios kaidesi 2 nolu oda içerisinde bulunmuştur ve buraya, ancak bu odanın üstündeki yerinden düşmüş olabilir. Claudius ve Agrippina kabartması ise, yapının ön tarafındaki caddede, ilk düştüğü yerin yakınında bulunmuştur. Diğer bütün yerler dolu olduğundan, kabartmanın yerleştirilmiş olabileceği tek yer 2 nolu odanın üstündeki diğer iki kabartmanın arasıdır; yani antik çağda Claudius kabartması Nero kaidesinin üzerindedir. Bu hatanın açıklaması antik inşaat tekniklerinde yatmaktadır.

Kabartmaların yapımından sorumlu heykeltraşlar, inşaat sahasına, istenen Nero kabartması yerine Claudius kabartmasını teslim etmişlerdir. Kabartmalar doğudan batıya doğru, sıra ile yerleştirilmek zorunda olduğundan, ya çalışma ciddi şekilde gecikecek, ya da teslim edilen yanlış kabartma ile inşaat devam edecektir. Bu tip hatalara ve masrafı düşürmek amacıyla alınan kararlara başka kentlerde de rastlanılmaktadır. Yanlış kaide üzerinde yer almasına rağmen, Claudius kabartması da genel programa uyum sağlamıştır.

where it fell. Its only available space is in the centre position above Room 2: the Claudius relief was placed on the Nero base. The explanation lies in ancient building practice.

The sculptors supplied the Claudius relief to the work-site when the builders needed a Nero relief. Since the pieces were installed in strict sequence, working from east to west, construction had either to be seriously delayed, or the wrong piece had to be built in. Such mistakes and cost-cutting decisions are known elsewhere. Although on the wrong base, the Claudius relief fitted the sequence well.

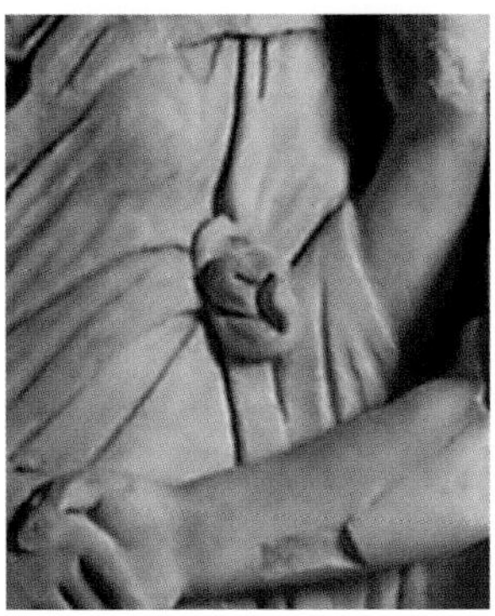

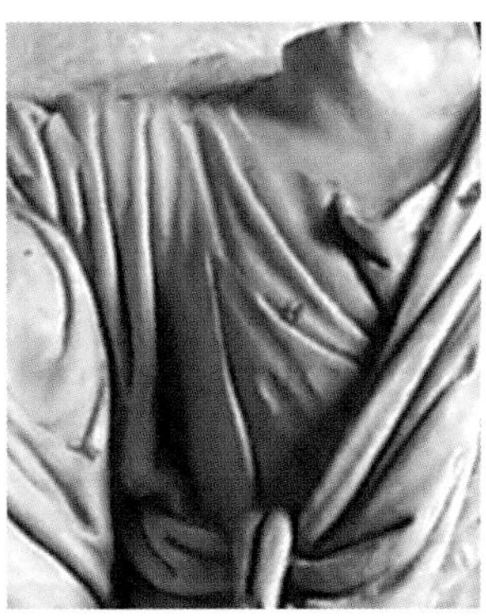

CLAUDİUS VE AGRİPPİNA

Askeri bir pelerin giyen çıplak Claudius, eşi Agrippina ile el sıkışmakta, aynı zamanda Roma Halkı'nı veya Senatosu'nu kişileştiren toga giymiş bir figür tarafından taçlandırılmaktadır. Kabartmanın konusu, geleneksel Roma Devleti ile imparatorluk arasındaki uyumdur. Agrippina, elinde taşıdığı buğday başağıyla bereket tanrıçası Demeter'e benzemektedir. İmparator, *corona civica* veya 'vatandaşlık tacı' olarak adlandırılan meşe dalından bir taç ile taçlandırılmaktadır. Bu taç, vatandaşlarının hayatını kurtaran Romalı liderlere sunulan bir simge olduğundan, imparatorun 'kurtarıcı' olarak betimlendiği açıktır.

Kaidedeki yazıt şöyledir: *[Nerōn] Klaudios Drousos Kaisar Sebasstos -- Helios*. Claudius kabartmasının Nero ve Helios için hazırlanmış bu kaideye yerleştirilmesi bir hatadır (bkz. yukarıdaki pano). Nero'nun tahttan indirildiği tarih olan M.S. 68'de, adının (*Nerōn*) silinmesiyle bu hata daha az belirgin hale gelmiştir.

CLAUDIUS AND AGRIPPINA

Claudius in heroic nudity and military cloak, shakes hands with his wife Agrippina and is crowned by the Roman People or Senate wearing a toga. The subject is imperial concord with the traditional Roman state. Agrippina holds wheat ears: she is like Demeter, the goddess of fertility. The emperor is crowned with an oak wreath, the *corona civica* or 'citizen crown', awarded to Roman leaders for saving citizens' lives: the emperor is the saviour of his people.

The inscription on the base reads: *[Nerōn] Klaudios Drousos Kaisar Sebasstos -- Helios*. The placing of a Claudius relief on this base was a construction error (see above). The mistake was reduced by the erasing of Nero's personal name, *Nerōn*, after his fall in AD 68.

ROMA VE GĒ (TOPRAK)

Roma, elinde mızrak tutmakta, başında ise oldukça tahrip olmuş, kent duvarlarını temsil eden bir taç taşımaktadır. Gē veya Toprak yarı çıplak olarak arkaya uzanmakta ve bir meyve yığınına dayanmaktadır. Bugün tahrip olmuş bir bebek figürü, Toprak'ın elinde taşıdığı, içi meyve dolu bereket boynuzuna tırmanmaktadır. Kabartma, yeryüzünün Roma tarafından sağlanan bolluk ve bereketinin simgesidir. Figürler, kabartmanın yazıtlı kaidesi sayesinde tanınabilmiştir.

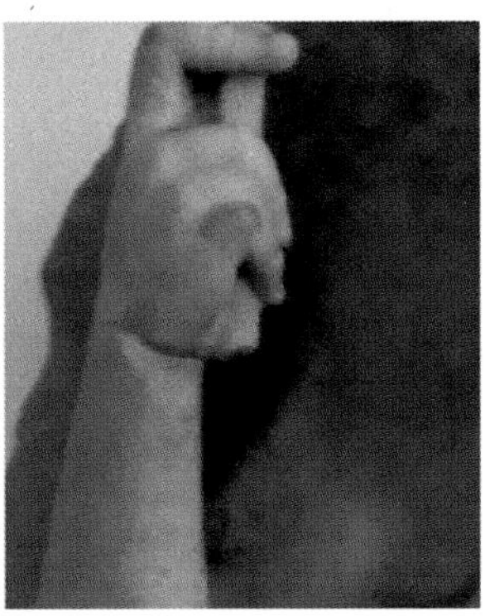

ROMA AND GĒ (EARTH)

Roma held a spear and wears a crown in the form of a city wall (badly worn). Earth reclines half-naked, leaning on a pile of fruits. She holds a cornucopia full of more fruits. A baby child, now damaged, climbs up the horn. The relief represents Earth's fertility and abundance overseen by Rome. The figures are identified by the inscribed base.

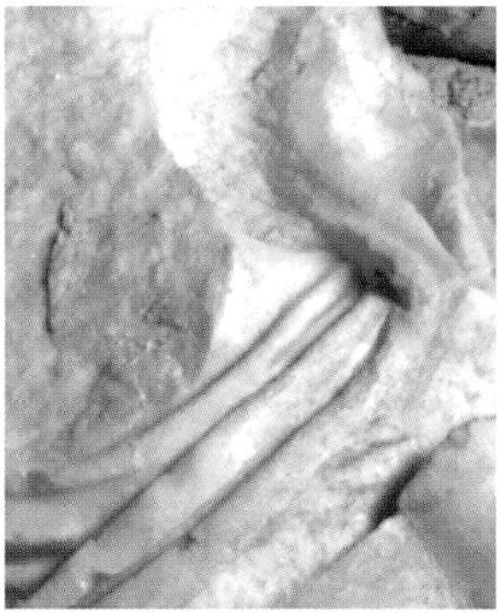

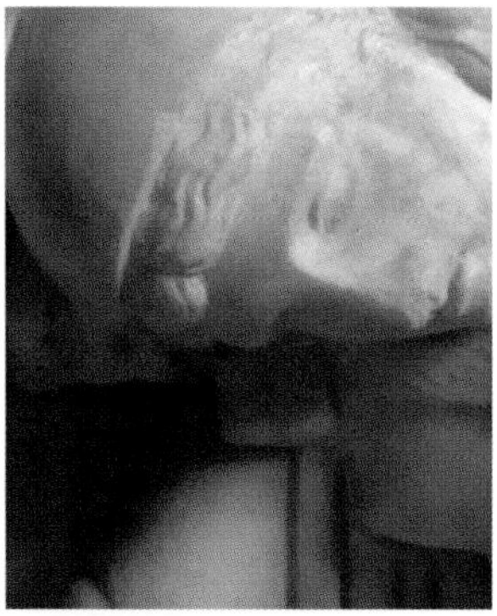

NERO VE ERMENİSTAN

Pelerin giyen ve kılıç kayışı takan çıplak savaşçı Nero, yine çıplak betimlenen yere düşmüş Ermenistan'ı kollarının üst kısmından tutmaktadır. Doğuya özgü yumuşak bir başlık giyen Ermenistan'ın ok kılıfı ve yayı sol taraftadır. Bu kahramanlık sahnesi, iki figürü Akhilleus ve Amazon kraliçesi Penthesilea'ya benzetmektedir. Kaidedeki yazıt şöyledir: *Armenia -- [Nerōn] Klaudios Drousos Kaisar Sebastos Germanikos.* Nero'nun miğferli başının ancak bir kısmı günümüze ulaşmıştır (bkz. çizim).

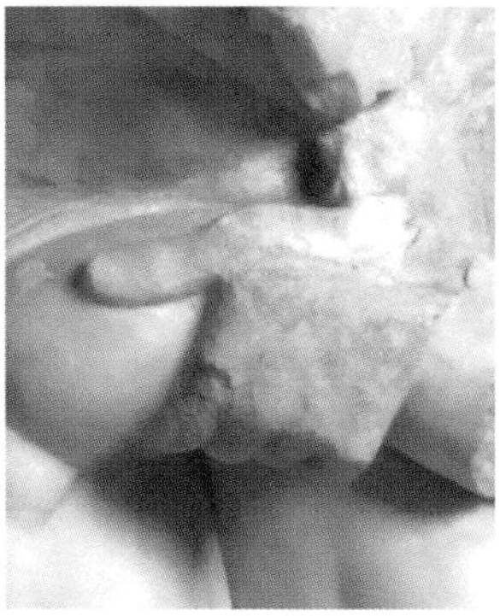

NERO AND ARMENIA

Nero, wearing only cloak and sword-strap, supports a slumped naked Armenia by her upper arms. She wears a soft eastern hat, and her bow and quiver are at left. The heroic composition likens them to Achilles and the Amazon queen Penthesilea. The inscription reads: *Armenia -- [Nerōn] Klaudios Drousos Kaisar Sebastos Germanikos*. Part of Nero's helmeted head survives (see drawing).

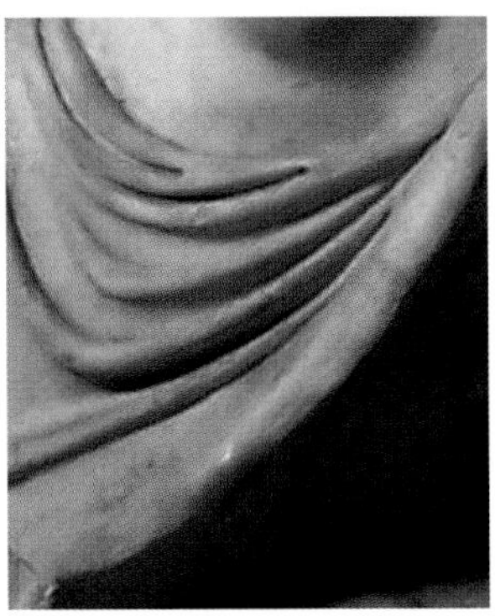

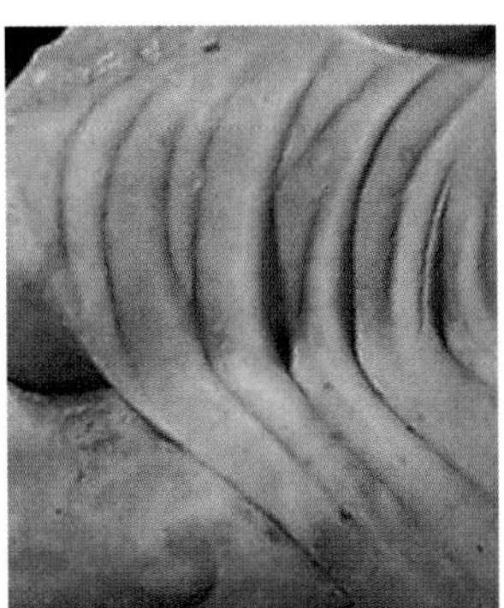

CLAUDİUS VE BRİTANYA

Çıplak bir savaşçı olarak betimlenen Claudius, yere düşmüş Britanya figürüne ölümcül darbeyi vurmak üzereyken gösterilmektedir. İmparator, pelerin giymekte, miğfer ve üzerinde kılıç kını olan bir kayış takmaktadır. Britanya ise, kendisine örnek oluşturan Amazon savaşçıları gibi, tek göğsünü açıkta bırakan bir tünik giymektedir. Kaidedeki yazıt şöyledir: *Tiberios Klaudios Kaisar -- Bretannia.*

CLAUDIUS AND BRITANNIA

Naked warrior Claudius is about to deliver a death blow to a slumped figure of Britannia. He wears helmet, cloak, and sword-belt with scabbard. Britannia wears a tunic with one breast bare -- like the Amazon figures on which she was modelled. The inscription reads: *Tiberios Klaudios Kaisar -- Bretannia.*

TİBERİUS VE ESİR

Çıplak olarak cepheden betimlenen imparator, mızrak ve kalkan tutmakta, pelerin giymekte ve kılıç kayışı takmaktadır. İmparatorun yanında, onun yarı boyunda bir barbar esir durmaktadır. Pelerin ve pantolon giyen esirin elleri arkasından bağlanmıştır.

TIBERIUS WITH CAPTIVE

The naked emperor stands frontally, holding spear and shield and wearing cloak and sword-strap. Beside him stands a barbarian prisoner, shown at about half the emperor's scale. The prisoner wears cloak and trousers and has his hands tied behind his back.

ANDREİA TARAFINDAN TAÇLANDIRILAN APHRODİTE

Giyimli bir tanrıça, bir kadın savaşçı tarafından taçlandırılmaktadır. Tanrıça, muhtemelen Aphrodite'dir. Savaşçı ise, Roma ya da Andreia (Cesaret) tarafından giyilen, tek göğsü açıkta bırakan bir Amazon kıyafeti giymekte ve Amazonların kullandığı türden bir mızrak, kılıç kayışı ve kalkan taşımaktadır.

APHRODITE CROWNED BY ANDREIA

A draped goddess is crowned by a female warrior figure. The goddess is probably Aphrodite, while the warrior has the bare-breasted Amazonian dress and equipment (spear, sword-strap, shield) worn by Roma or Andreia (Bravery).

İMPARATOR VE ROMA HALKI

Çıplak olarak betimlenen imparator, Roma Halkı'nı kişileştiren ve toga, yani Roma vatandaşlarının sivil kıyafetini giymiş biri tarafından taçlandırılmaktadır. İmparatora sunulan taç, meşe dalından yapılan *corona civica* veya 'vatandaşlık tacı'dır ve vatandaşların hayatını kurtaranlara verilmektedir. İmparator, simgesel bir zafer direği (*trophe*) dikmekte, alttta ise acı içinde barbar bir esir kadın diz çökmektedir.

EMPEROR AND ROMAN PEOPLE

The emperor is a naked warrior and is crowned by a personification of the Roman People wearing a toga, the stately civilian dress of Roman citizens. The crown is an oak wreath, the *corona civica* or 'civic crown' awarded for saving citizens' lives. The emperor is setting up a battlefield trophy beneath which kneels an anguished barbarian woman captive.

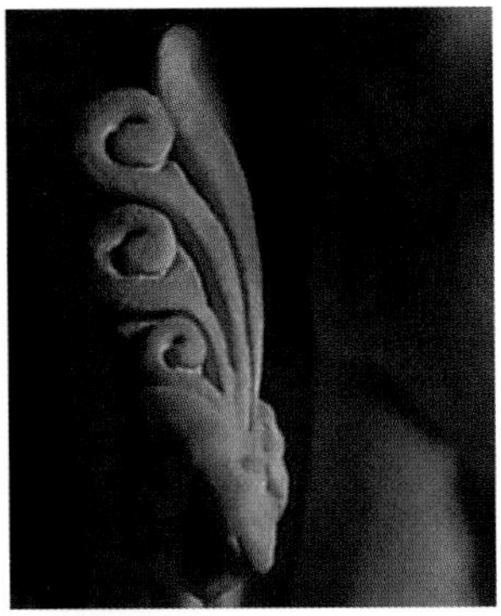

İKİ PRENS

Çıplak olarak ve birer pelerinle betimlenmiş iki prens, heykel gibi ayakta durmaktadır. Soldaki prens, bir elinde dünya hakimiyetini simgeleyen ve imparatorluğun veliahtı olduğunu gösteren bir küre tutmaktadır. Prensin diğer elinde ise, gemi arkasına takılan ve deniz zaferini simgeleyen bir aksesuar (*aphlaston*) bulunmaktadır. Prensler, muhtemelen Augustus'un torunları Gaius ve Lucius'dur.

TWO PRINCES

Two princes stand like statues, naked, wearing cloaks. The left figure holds the orb of the world in one hand, a symbol of world rule that indicates he is the imperial heir, and in the other a ship's stern ornament (*aphlaston*), a symbol of naval victory. They are probably Gaius and Lucius, the grandsons of Augustus.

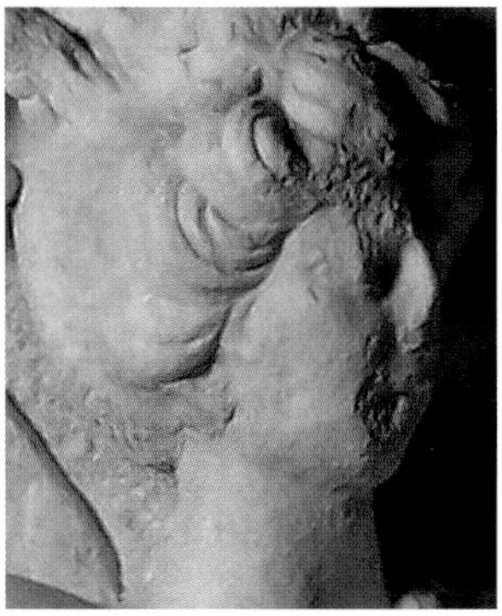

VİCTORİA (ZAFER)

Simgesel bir zafer direği (*trophe*) taşıyan kanatlı Victoria (Nikē), uçarken betimlenmiştir. Figür, bir göğsünü ve bir bacağını açıkta bırakan uzun ve hafif bir giysi giymektedir. Giysi, figür uçtuğu için arkada dalgalanmaktadır.

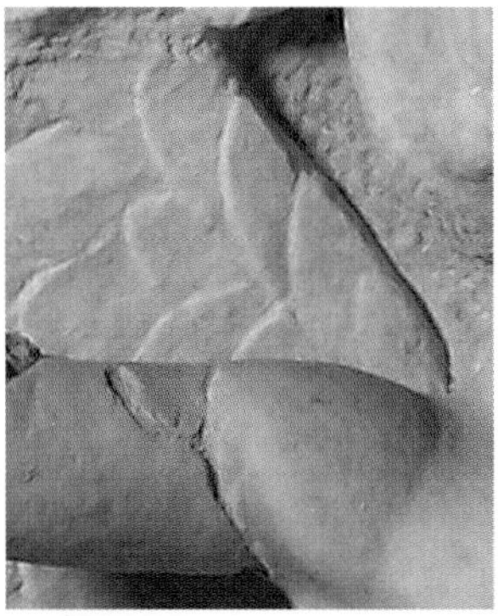

VICTORY

A winged Victory (Nikē) flies past, carrying a military trophy. She wears a long light dress and has one breast and one leg exposed. Her clothing is set in motion by her swift flight.

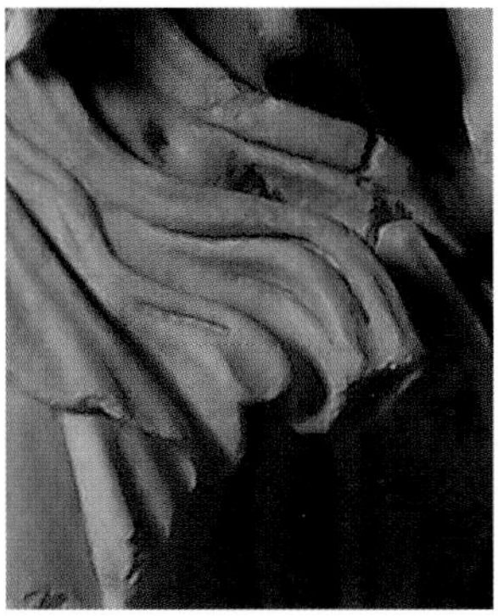

Kabartmaların Konservasyonu

Kabartmaların her biri 10-20 parça halinde ortaya çıkarılmış ve ilk olarak 1979-81 yılları arasında restore edilmiştir. Şu anda gördüğünüz teşhir için restorasyon işinin yenilenmesi gerekmiştir. Kabartmalar parçalarına ayrılmış, paslanmış çelik pimler ve kenetler çıkarılmıştır. Mermer parçalar temizlenmiş, daha sıkı olarak tekrar birleştirilmiş ve bağlantı elemanları statik olarak yeniden tasarlanmıştır. Yeni pimler thixotropic polyester'le (dönüştürülebilir reçine) kaplı paslanmaz çeliktendir. Dolgu malzemesi ise kireç harcıdır.

Konservasyon çalışmaları 1999-2007 arasında Cliveden Conservation (İngiltere) tarafından, Aphrodisias çevresinden gelen ve yörede eğitilmiş konservatörler yardımıyla yürütülmüştür.

Conservation of reliefs

The reliefs were found in about 10-20 fragments each and were first restored in 1979-81 soon after their discovery. This work had to be re-done for their current display. The reliefs were taken apart and the old ferrous steel dowels and clamps removed. The fragments were cleaned and rejoined more tightly, and the fixings statically re-designed. The new dowels are of stainless steel set in strong thixotropic polyester (reversible resin), and the cosmetic fills are of lime mortar.

The work was carried out in 1999-2007 by Cliveden Conservation (UK), with a team of locally trained conservators from the area around Aphrodisias.

Yapının yeniden ayağa kaldırılması

Sebasteion güney yapısının bir kısmı, kentteki özgün yerinde yeniden ayağa kaldırılmıştır. Çok hassas bir rekonstrüksüyon gerektiren bu proje (*anastylosis*), yapının cephesindeki her mermer parçanın tekrar özgün yerine oturtulması prensibine dayanır. Proje, yapının ölçek ve etkisini ortaya koymakta, kabartmaları alçı kopyaları sayesinde yapı üzerindeki özgün yerlerinde göstermektedir.

Güney yapıya ait 1800 mimari parçanın teorik çalışması 2000 yılında başlamıştır. Yeniden ayağa kaldırma çalışmaları ise 2005'te başlamıştır ve 2011 yılında tamamlanacaktır. Çalışmalar, Gerhard Paul and Thomas Kaefer tarafından, bir grup yerli uzmanın katkısıyla yürütülmektedir.

Anastylosis of building

Part of the Sebasteion's south building is restored in its original position on the site. This is a precise stone-for-stone reconstruction, or *anastylosis*, that places each marble component of the facade in its original ancient position. It shows the scale and effect of the building and the position of the reliefs in the architecture -- cast replicas of the reliefs are used.

Theoretical study and documentation of the 1,800 architectural elements of the south building began in 2000. Physical anastylosis began in 2005 and will be completed in 2011. The work is carried out by Gerhard Paul and Thomas Kaefer with a team of locally trained specialists.

AFRODİSYAS'IN MAVİ ATI
APHRODISIAS BLUE HORSE

'Troilos, at ve Akhilleus'

Dörtnala koşar durumda betimlenen mavi-gri mermerden yapılmış at heykeli, 1970 yılında Sivil Bazilika'da, tahrip olmuş kaidesinin yanında bulunmuştur. Eser, yapılması zor bir kompozisyona sahiptir ve antik çağda bir kere onarım görmüştür.

At, atın binicisi ve heykel kaidesi

At, kaplan postu şeklinde, altın varaklı bronz bir eyer örtüsü taşımaktadır. Örtü, ata küçük demir iğnelerle monte edilmiştir. Atın binicisi olan kahraman çıplak gençten geriye yalnızca sol üst bacağının parçası kalmıştır. Bacaktaki ek yerinden anlaşıldığı üzere, genç, attan düşerken betimlenmiştir.

Eser, L şeklinde bir kaideye oturtulmuş ve Bazilika'nın orta nefine yerleştirilmiştir. Kaidenin alt kısmı, binadaki özgün yerinde bulunmuştur. Kaidenin restore edilen üst kısmı ise burada atın altına yerleştirilmiştir. Kaidedeki delik, atın yanına ayakta duran bir kişinin yerleştirilmesi için kullanılmıştır. Eser, at, atın sürücüsü ve ayakta duran kişi olmak üzere *üç* figürden oluşan bir gruptur.

Eserin konusu Troilos ve Akhilleus'tur ve Troia'lı genç prens Troilos'un, çeşmeye gitmek üzere Troia duvarlarının dışına çıktığı anda Akhilleus'un baskınıyla öldürülmesini anlatmaktadır. Eser, muhtemelen Akhilleus'un, genç Troilos'u dörtnala giden atın üzerinden, saçından tuturak indirmesini betimlemektedir.

'The Troilos, the horse, and the Achilles'

The galloping horse of dark blue-grey marble was found in 1970 in the Civil Basilica beside the remains of its pedestal. The monument was a daring composition that had already been restored once in antiquity.

Horse, rider, base

The horse wore a gilded bronze saddle cloth in the form of a feline skin attached to its back with small iron pins. It was ridden by the figure of a naked heroic youth of which only one thigh survives. From its fixing behind, it can be seen he was falling off the horse.

The monument was mounted on an L-shaped base, facing down the interior nave of the Basilica. The lower part of the base remains in situ in the Basilica. Its upper plinth is restored here beneath the horse. The plinth has a cutting for a figure standing beside the horse. This was a *three*-figure group of horse, heroic rider, and standing figure.

The subject was Troilos and Achilles. The young Trojan prince Troilos was ambushed and killed by Achilles when he rode out to

Kent surlarındaki Troilos kaidesi

Kuzey surlarında yapı taşı olarak kullanılan heykel kaidesinin parçası olan yazıtlı bir blok, heykel anıtını şöyle tanımlamaktadır: *Halk, Troilos'u, atı ve Akhilleus'u dikti.* Bu blok, Bazilika'daki kaideye oturmamakla birlikte, ikisinin birbirine yakın ölçüleri, aralarında bir bağlantı olmasını gerektirir.

Bazilika'da bugün mevcut olan kaide, muhtemelen, anıtın ikinci kez sergilendiği ve Bazilika'nın bakım gördüğü M.S. 4. yüzyılın ortalarına tarihlidir. Bu dönemde, at heykeli büyük miktarda tamir görmüş, ön ayaklar ve yelenin bazı kısımları başka bir mermerden tekrar yapılmıştır. Bu durumda, surlardaki yazıtlı bloğun, eserin ilk sergilendiği zamana ait olması gerekir. Kamuya ait heykellerin uzun süre kullanılmaları ve başka mekanlara taşınmaları sık rastlanır bir durumdur.

Eser, antik heykeller arasında dörtnala giden bir atı betimleyen tek mermer örnektir.

a fountain outside the walls of Troy. The group probably showed Achilles in a well-known composition, pulling the young Troilos from his galloping horse by his hair.

Troilos base in city wall

An inscribed block from a statue-base built into the north city wall records a statue monument with precisely this subject: *The people set up the Troilos, the horse, and the Achilles*. The block does not fit the base in the Basilica, but its dimensions are so close that the two should be connected.

The present base was part of a later, second display of the monument, set up when the Basilica was refurbished in the mid-fourth century AD. The horse was extensively repaired: the front legs and parts of the mane were carved anew and in different marble. The inscribed block from the wall would then be from the original, first display. Public statues had long lives and could be moved to new settings.

The monument is unique among ancient statues in representing a large galloping horse in marble.

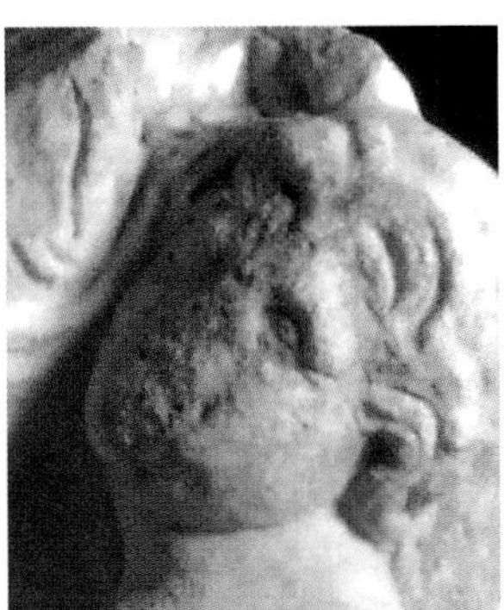

POSEİDON VE AMPHİTRİTE

Tanrısal çift, iki adet balık ayaklı tritonun eşliğinde, bir çift denizatının üstünde oturmaktadır. Tritonlar arasında bir deniz-putto'su ya da bebek triton bulunmaktadır. Tanrı, eşi Amphitrite tarafından taçlandırılan Poseidon formundadır. Poseidon, sıradışı olarak askeri bir pelerin giymiştir. Tanrısal çiftin, Poseidon ve Amphitrite kılığına bürünmüş bir imparator ve eşini (örneğin, Claudius ve Agrippina) betimliyor olmaları mümkündür.

POSEIDON AND AMPHITRITE

A god-like couple is seated on two sea-horses, accompanied by two fish-legged tritons below. Between the tritons sits a sea-putto or baby triton. The male god is in the form of Poseidon crowned by his wife Amphitrite. Unusually he wears a military cloak, and they might be an emperor and his wife (such as Claudius and Agrippina) in the guise of Poseidon and Amphitrite.

SİLAHLI ROMA

Roma, mızrak, miğfer, yuvarlak kalkan ve imparatorluk tarzı zırh ile donanımlıdır. Alt tarafta, çıplak ve sakallı bir esir, elleri arkadan bağlı olarak ve boynunda bir hayvan postuyla diz çökmüştür. Esir, yukarıya dönerek, kendisini zaptedene bakmaktadır.

ARMED ROMA

Roma is equipped with spear, helmet, round shield, and imperial-style armour. Below crouches a naked bearded prisoner, with his hands tied behind his back and a skin knotted round his neck. He turns to look up at his conqueror.

ZAFER DİREĞİNE YAZIT YAZAN TANRIÇA

Giyimli bir tanrıça, bir zafer direği (*trophe*) üzerine yazıt yazmak için ileri doğru adım atmaktadır. Bu direğe, diz çökmüş bir kadın esir bağlanmıştır. Tanrıça, muhtemelen Onur, Erdem ya da Cesaret gibi bir kavramı kişileştirmektedir.

GODDESS INSCRIBES A TROPHY

A draped goddess strides forward to inscribe a military trophy to which is bound a kneeling female captive. The goddess is probably a personification such as Honour, Virtue, or Courage.

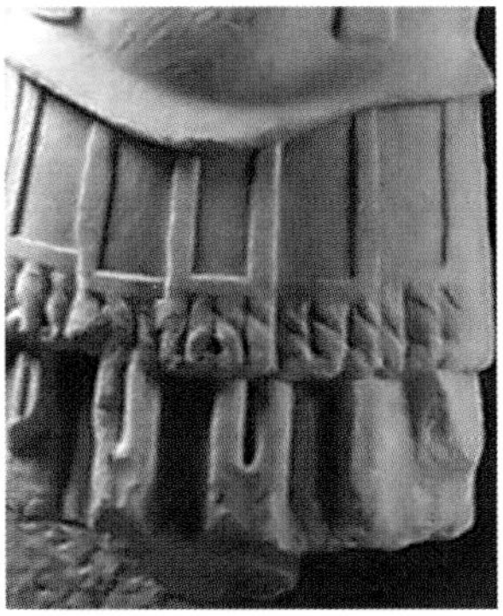

NERO VE ESİR

Çıplak bir savaşçı olarak betimlenen Nero, bir elinde dünya hakimiyetinin küresini tutmakta, diğer eliyle de sol taraftaki zafer direğini (*trophe*) taçlandırmaktadır. Direk ile imparator arasında elleri bağlı esir bir erkek çocuğu durmaktadır. Barbarlara özgü uzun bir pantalon giymekte olan esir, yukarı doğru, onu zaptedene bakmaktadır.

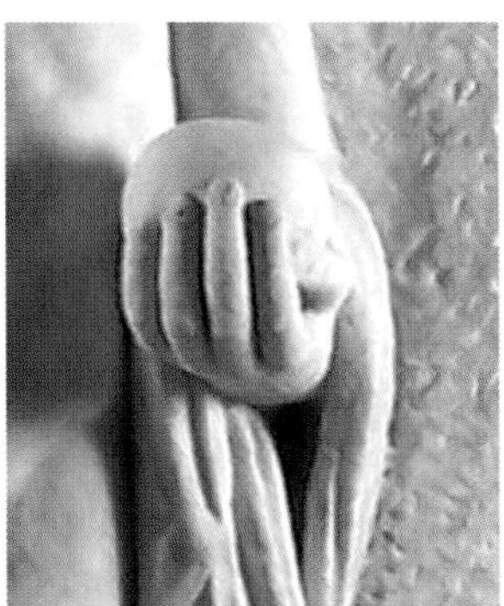

NERO WITH CAPTIVE

Naked warrior Nero holds the orb of world rule in one hand and crowns the military trophy at left with the other. Between the trophy and the emperor, stands a bound boy captive. He wears long barbarian trousers and looks up at his captor.

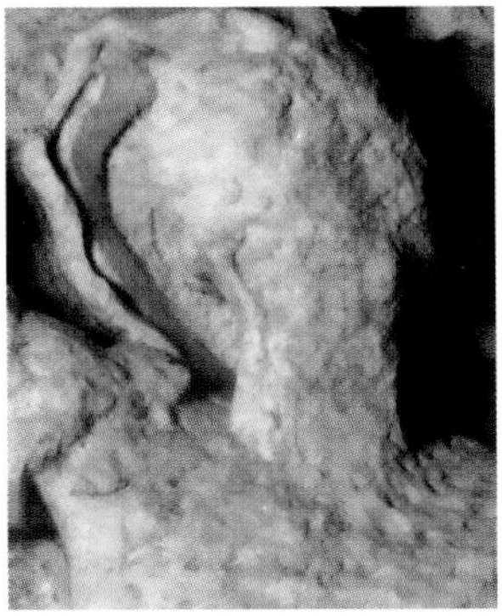

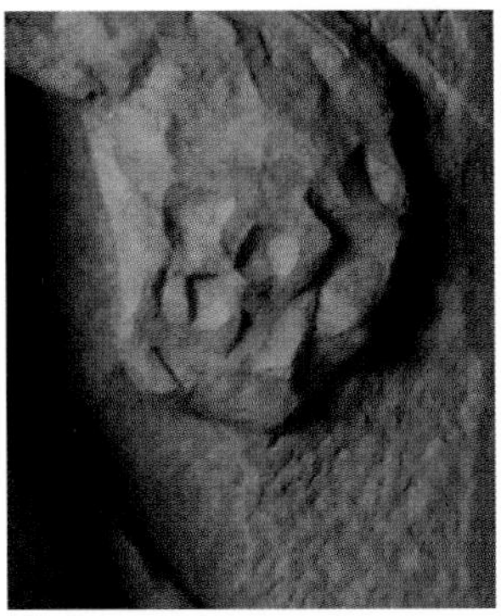

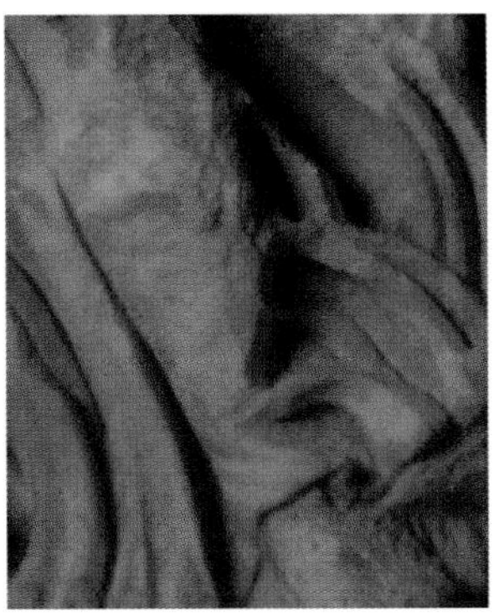

APHRODİTE TARAFINDAN TAÇLANDIRILAN KÜLT HEYKELİ

Aphrodisias Aphrodite'sine ait yerel kült heykeli, yuvarlak bir kaide üzerinde durmaktadır. Giyimli ve hareketli olarak betimlenen Aphrodite, kendi heykeline yaklaşmakta ve heykeli taçlandırmaktadır. İki figürün arasında bir tütsü kabı durmaktadır. Çoktanrılı inanışı açıkça gösteren bu sahne, muhtemelen 6. yüzyılda Hristiyanlar tarafından tahrip edilmiştir.

CULT STATUE CROWNED BY APHRODITE

The cult statue of the local Aphrodite of Aphrodisias stands on a round base and is approached by the dynamic draped figure of Aphrodite herself. The goddess was about to crown her own statue. Between stands a slender incense-burner. This scene of overt pagan cult was defaced on Christian initiative, probably in the sixth century AD.

KARALARIN VE DENİZLERİN EFENDİSİ CLAUDİUS

Tanrı olarak betimlenen Claudius, kendini ölümlülere göstererek başının etrafında dalgalanan pelerinle ileri adım atmaktadır. İmparator, yerden yükselen bir figürden yeryüzünün meyveleriyle dolu bir bereket boynuzu, balık ayaklı bir kadın tritondan ise gemi dümeni almaktadır. Sahnenin yansıttığı fikir, tanrı-imparatorun kara ve denizdeki bereketin güvencesi olmasıdır. Kabartma, imparatorun, evrensel kurtarıcı ve ilahi koruyucu işlevinin yüceltilmiş ve övgü dolu bir görsel ifadesidir.

CLAUDIUS, MASTER OF LAND AND SEA

The god Claudius strides forward in a divine epiphany, drapery billowing around his head. He receives a cornucopia with fruits of the earth from a figure emerging from the ground, and a ship's steering oar from a marine tritoness with fish-legs. The idea is clear: the god-emperor guarantees the prosperity of land and sea. The relief is a remarkable local visualisation – elevated and panegyrical -- of the emperor's role as universal saviour and divine protector.

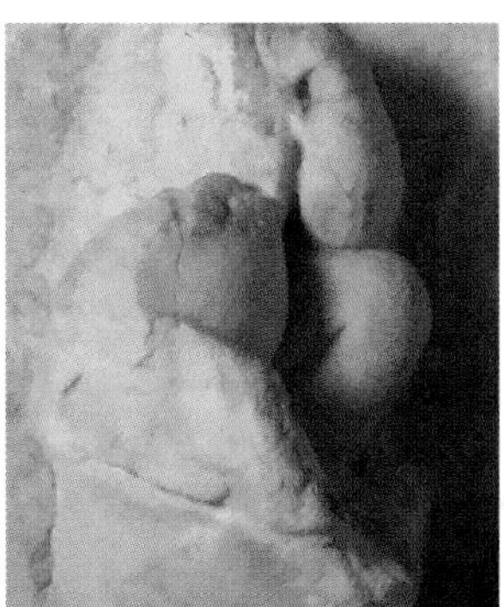

HYGİEİA

Sağlık tanrıçası Hygieia, bir yılanı elinde tuttuğu yassı kaptan (*phiale*) beslemektedir. Yılan, tanrıçanın koluna iki kere dolanmıştır. Sol tarafta duran küp şeklindeki kaide üzerinde tombul ve çıplak bir çocuk oturmaktadır. Hygieia, hekim tanrı Asklepios'un kızıdır ve iki tanrı, bir grup oluşturmaktadır.

HYGIEIA

Hygieia, the goddess Health, holds a flat bowl (*phiale*) from which she feeds a snake. The snake is wound twice round her forearm. A plump naked child sits on a square pedestal at left. Hygieia was the daughter of the healing god, Asklepios, with whom she is paired here.

ARES

Çıplak ve klasik tarzdaki genç tanrı, miğfer takmakta, bir elinde (bugüne ulaşmamış) bir mızrak, diğer elinde de kalkan taşımaktadır. Solda, tanrının zırhı, sağ üst köşede de kılıcı durmaktadır. Ares savaş tanrısıydı. Hristiyanlar tarafından sonraki dönemlerde tahrip edilmemesini, muhtemelen genç bir imparatora benzemesine bağlayabiliriz.

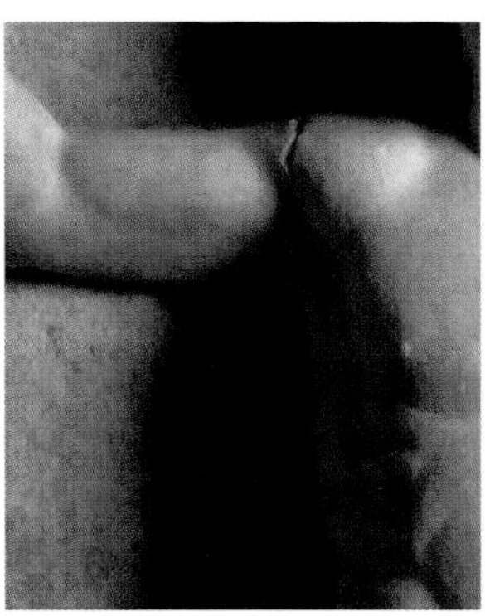

ARES

The nude and classically styled young god wears only a helmet and held a spear (missing) in one hand and a shield in the other. At left stands his cuirass, and at the upper right corner hangs his sword. Ares was the god of war and was not later defaced by Christians probably because he so closely resembles a young emperor.

EFSANELER VE KAHRAMANLAR
MYTHS AND HEROES

Güney yapı: İkinci kat

Bu gruptaki kabartmalar güney yapının ikinci katından gelmektedir. Kabartmalarda, Yunan, Roma mitolojisinden ve yerel mitolojiden kahramanlarla tanrılar temsil edilmektedir. Üçerli gruplar halinde olan kabartmalardan, dar olanların kaideleri meandr motifiyle bezelidir.

Kabartmaların konuları geniş ve çeşitlidir: Akhilleus, Ankhises, Aineas, Antaios, Atalante, Bellerophontes, Deianira, Dionysos, Galateia, Herakles, Leda, Meleagros, Nessos, Nysa, Orestes, Penthesilea, Polyphemos, Prometheus, Triptolemos.

Mitolojik sahneler, dekoratif olmakla beraber, ortak bir din ve kültür duygusu uyandırmaları sebebiyle anlamlıdırlar. Temsil

South building: Second storey

The reliefs in this group come from the second storey of the south building. They represent heroes and gods from Greek, Roman, and local mythology. In the groups of three, the narrower reliefs have meander decoration below.

The subjects are wide and varied: Achilles, Anchises, Aineas, Antaios, Atalante, Bellerophon, Deianira, Dionysos, Galatea, Herakles, Leda, Meleager, Nessos, Orestes, Penthesilea, Polyphemos, Prometheus, Triptolemos.

Mythological images were both decorative and meaningful. They evoked a shared religion and culture. The sto-

edilen sahneler dikkatle seçilmiş ve bu seçimler birkaç önemli konu üzerinde, örneğin Aphrodite, Troia ve kahramanca gerçekleştirilen işler üzerinde yoğunlaşmıştır.

Aşk hikayeleri, Aphrodite'nin gücünü kutlamaktadır. İnsanlığa faydası dokunan kahramanlar da adeta imparator gibidirler. Triptolemos, insanlığa tahılı, Prometheus ateşi sunmuş, Herakles ve Dionysos da (her biri beşer kere temsil edilmiştir) başarıları sayesinde Olymposlu tanrı mertebesine yükselmişlerdir. İnsanüstü başarıları, imparatorları da tanrılar seviyesine çıkarmıştır.

Yapının doğu ucundan gelen önemli hikayeler arasında, Aphrodite'nin oğlu ve Julius Caesar (Sezar)'ın atası Aineas'ın Troia'daki maceralarını betimleyen konular bulunur. Bu hikayeler, Aphrodisias ile Roma arasındaki özel bağlantının birer mitolojik canlandırmasıdır.

ries were chosen carefully, and cluster around several relevant themes: Aphrodite, Troy, and heroic benefaction.

Love stories celebrate the power of Aphrodite, and heroes working for the good of mankind were like the emperors. Triptolemos gave man grain, Prometheus gave fire, and Herakles and Dionysos (they each appear five times) achieved Olympian status through their deeds. Superhuman achievements had also made the emperors into gods.

Prominent at the east end are parts of the Trojan story of Aineas, son of Aphrodite, ancestor of Julius Caesar and of Augustus' family. These stories were the mythological enactment of the special relationship between Aphrodisias and Rome.

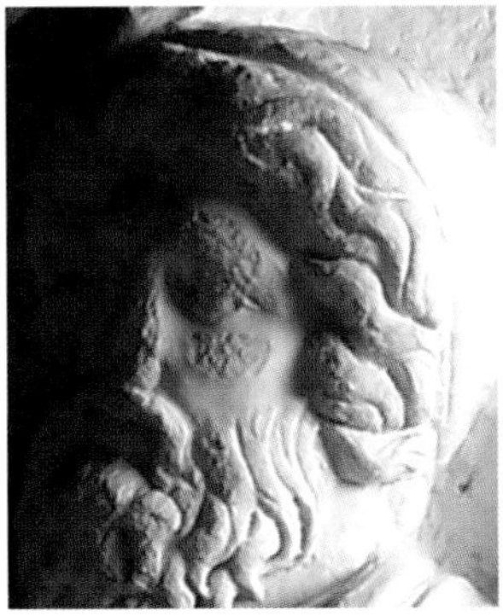

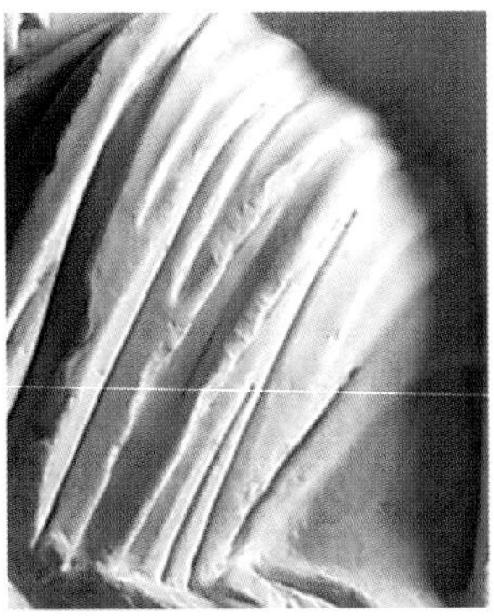

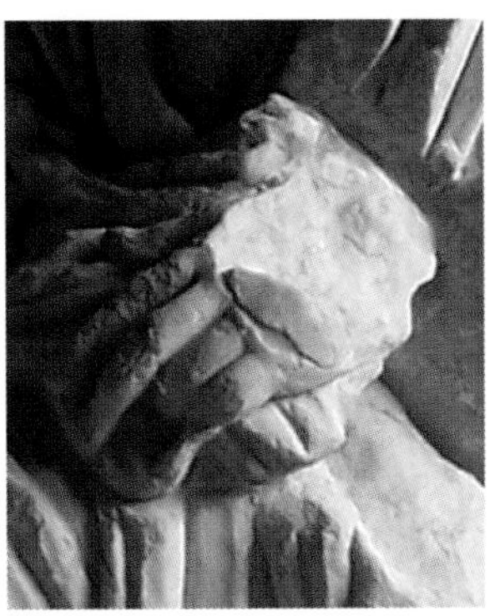

OTURAN ZEUS

Muhtemelen Zeus'u temsil eden yaşlıca ve sakallı bir tanrı, tahtında oturmaktadır. Tanrının elinde bir asa, önünde de (tahrip olmuş) başka bir figür bulunmaktadır. Kabartma, güney yapının kısa doğu ucunun orta kısmına ve bir Aphrodite kabartmasının altına yerleştirilmiştir. Zeus ve Aphrodite, Aphrodisias'ta tapınılan en önemli iki tanrıdır.

SEATED ZEUS

An older bearded god, probably Zeus, sits in a throne. He held a scepter, and there was probably another figure in front of him. The relief occupied the centre position in the short east end of the south building. It was placed beneath a relief of Aphrodite. Zeus and Aphrodite were the most important deities worshipped at Aphrodisias.

ANKHİSES VE APHRODİTE

Troialı çoban Ankhises, bakışlarını İda Dağı'nda bir gecelik aşk yaşadığı Aphrodite'ye çevirmiştir. Oturan Aphrodite'nin, kucağında küçük Eros'u tutması erotik bir buluşmayı ifade eder. Gecenin işareti olan Selene'nin (Ay) başı yukarıda dağların üstünde görünmektedir. Bir sonraki kabartmada yer alan Aineas, burada gerçekleşen birleşmenin sonucudur.

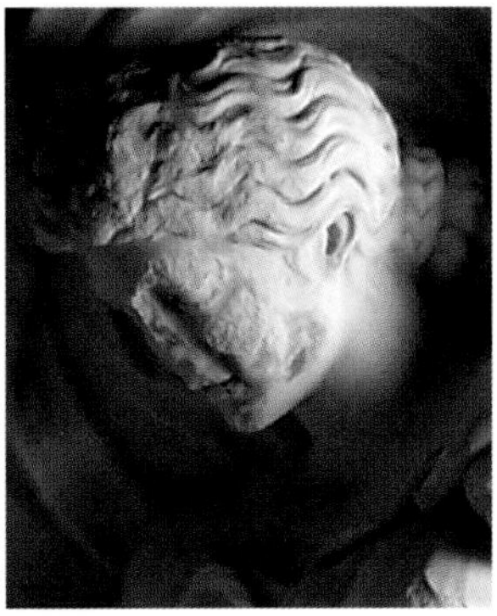

ANCHISES AND APHRODITE

The Trojan shepherd Anchises gazes at the seated Aphrodite, his lover for one night on Mount Ida. She holds a small Eros on her lap: this is an erotic encounter. The head of Selene (Moon) appears above the mountain rocks: she indicates night-time. It was from this union that Aineas, featured in the next panel, was born.

AİNEAS'İN TROİA'DAN KAÇIŞI

Zırh giymiş Aineas, yaşlı babası Ankhises'i omuzlarında taşımakta, genç oğlu Iulus'u da elinden tutarak ilerlemektedir. Üçü, yağmalanan Troia'dan kaçmaktadırlar. Arkada havada asılı duran figür, Aineas'ın annesi Aphrodite'dir ve grubun kaçmasına yardım etmektedir. Yaşlı Ankhises, içinde Troia'nın tanrısal atalarına ait heykelciklerin durduğu yuvarlak bir kutu taşımaktadır.

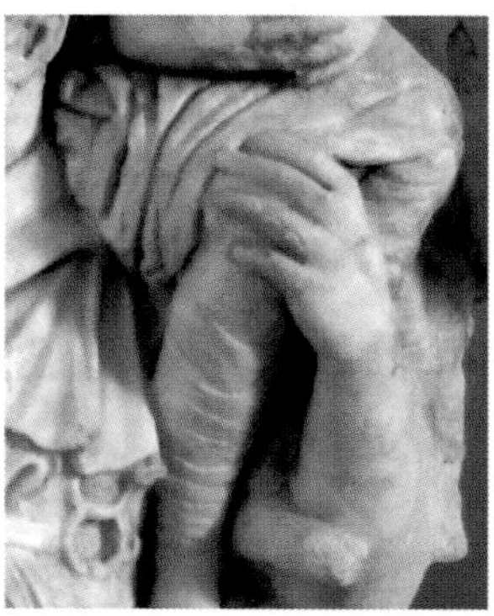

AINEAS' FLIGHT FROM TROY

Aineas in armour carries his aged father Anchises on his shoulder and leads his young son Iulus by the hand. They are fleeing from the sack of Troy. The figure floating behind is Aphrodite, Aineas' mother: she is helping their escape. Old Anchises carries a round box that held images of Troy's ancestral gods.

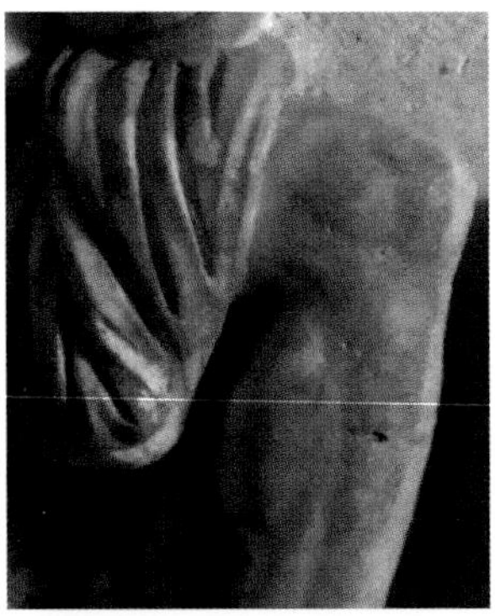

AİNEAS'İN İTALYA'YA VARIŞI

Çıplak Poseidon, kısa bir sütunun önüne yanaşmış olan geminin üstündedir. Bacaklarının arasından bir yunus atlamaktadır. Başı bir Romalı gibi örtülmüş olan Aineas, İtalya'ya tehlikesizce varmasına şükran olarak libasyon (sıvı adağı) yapmaktadır. Ayrı olarak yontulmuş bir erkek başı (belki de Aineas'ın ölmüş bir yoldaşı), Poseidon'un omzunun arkasına monte edilmiştir.

AINEAS' ARRIVAL IN ITALY

Poseidon stands naked over a sea-going ship stopped at a short column. A dolphin jumps between his legs. Aineas, his head veiled in the Roman manner, pours a libation, a thank-offering for his safe arrival in Italy. Behind Poseidon's shoulder, a separately worked young male head was inserted into the background (a deceased companion of Aineas?).

ÜÇ GÜZELLER

Üç Güzeller, alışılmış Helenistik kompozisyonla betimlenmişlerdir. Üç Güzeller, Aphrodite'nin hizmetkarlarıdır ve tanrıçanın Aphrodisias'taki kült heykelinin bezemesinde buradaki duruşlarıyla yer alırlar. İsimleri, karakterlerini açığa vurmaktadır: *Euphrosynē* (Neşe), *Aglaia* (Görkem), and *Thaleia* (Tazelik).

THREE GRACES

The Three Graces stand in their familiar hellenistic composition. They were handmaids of Aphrodite and appeared in this form on the decoration of her cult statue at Aphrodisias. Their names evoked their character: *Euphrosynē* (Joy), *Aglaia* (Splendour), and *Thaleia* (Bloom).

APOLLON VE SOYLU KAHRAMAN

Apollon, bir kehanet merkezinde, yanındaki üçayak ile birlikte, yüksek bir kürsü üzerinde oturmaktadır. Kendisine yaklaşan iki figürden kadın olanı, elini kaldırarak tanrıyı selamlamaktadır. Kadının yanındaki kahraman, seyahatte kullanılan bir pelerin giymiş, saç bandı veya krallara özgü bir diadem takmıştır. Kahraman, muhtemelen bir kentin kuruluşu hakkında Apollon'a danışmaya gelmiştir.

APOLLO AND ROYAL HERO

Apollo sits on a raised platform with his tripod at his oracular shrine. He is approached by two figures. A woman greets the god with raised hand. With her is a hero wearing a traveling cloak and the flat headband or diadem of a king. He has come to consult Apollo, probably about a city foundation.

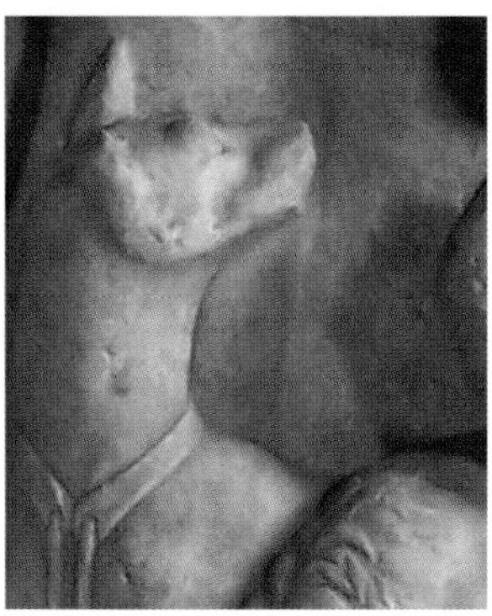

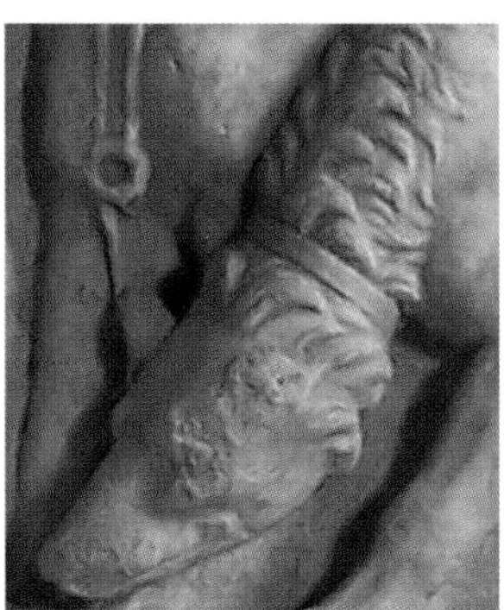

SOYLU KAHRAMAN VE AV KÖPEKLERI

Önceki kabartmada gördüğümüz saç bandı (*diadem*) takan aynı soylu genç, atı ve iki av köpeğiyle birlikte ayakta durmaktadır. Solda, oval (ve yabancı bir orduya ait) bir kalkan, yapraksız bir ağaçta asılı durmaktadır. Ağaca uzun ve ince bir değnek dayanmıştır. Soylu kahraman muhtemelen bir kent kurucusudur. Bu kişi, örneğin Aphrodisiaslılar tarafından kentlerinin kurucusu olduğuna inanılan Asur kralı Ninos olabilir.

ROYAL HERO WITH HUNTING DOGS

The same diademed youth stands with his horse and two hunting dogs. At the left, an oval (foreign) shield hangs from a leafless tree, against which leans a long thin club. The royal hero in this and the relief to your left is probably a local founder -- such as the Assyrian king Ninos, claimed as founder of their city by the Aphrodisians.

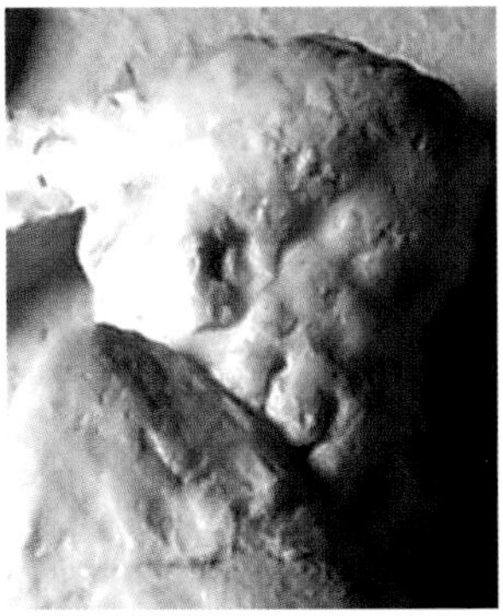

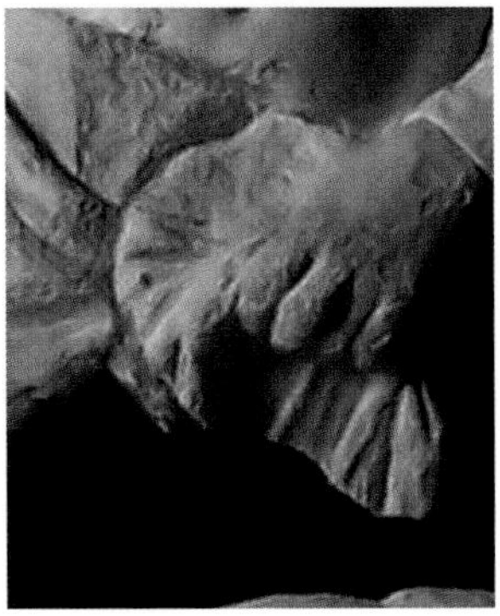

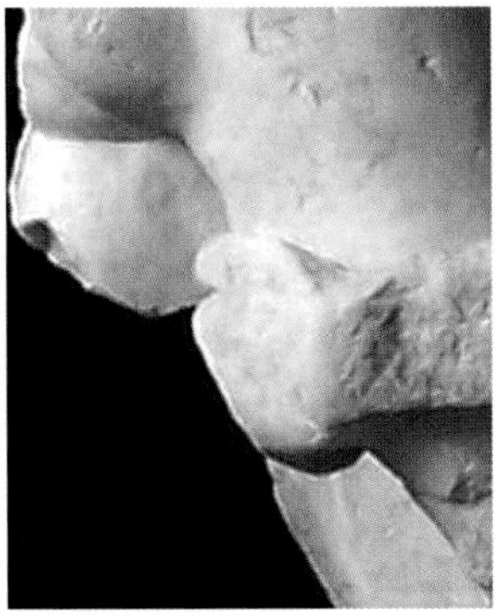

HERAKLES, NESSOS VE DEİANİRA

Kentaur Nessos, Herakles'in eşi Deianira'yı Aitolia'daki Euenos Irmağı'nın karşısına geçirmeye razı olur ancak tam su ortasında kadına tecavüze yeltenir. Bu olayı izleyen boğuşmada, Herakles, topuzuyla Nessos'a ezici darbeyi indirirken görülmektedir. Nessos, dizlerinin üzerine düşmüş olmasına rağmen hâlâ mücadele etmektedir. Kentaur'un arkasında ise, giysisi kısmen üzerinden çıkarılmış Deianira durmaktadır.

HERAKLES, NESSOS, AND DEIANIRA

The centaur Nessos agreed to carry Herakles' wife Deianira across the river Euenos in Aitolia but tried to rape her in mid-stream. In the struggle that followed, we see Herakles about to deliver a crushing blow with his club. Nessos has been beaten to his knees but is still fighting. Behind the centaur is the partly disrobed figure of Deianira.

DEMETER VE TRİPTOLEMOS

Başı örtülü ve elinde asa tutan görkemli tanrıça Demeter, genç kahraman Triptolemos'a bir demet buğday başağı vermektedir. Demeter tarım tanrıçasıdır ve Atina yakınındaki Eleusisli kahraman Triptolemos'u, insanlığa tahıl tarımını öğretmesi için seçmiştir.

DEMETER AND TRIPTOLEMOS

Demeter -- stately, veiled, and holding a sceptre -- hands a bunch of wheat stalks to the young hero Triptolemos. Demeter was the grain-goddess, and it was Triptolemos, a hero from Eleusis near Athens, whom she chose to bring grain cultivation to mankind.

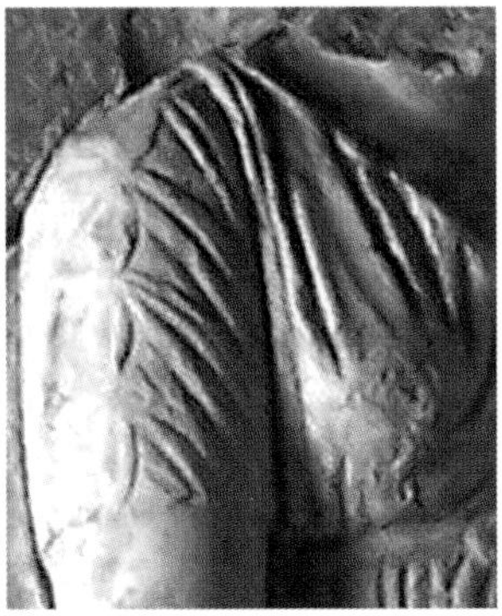

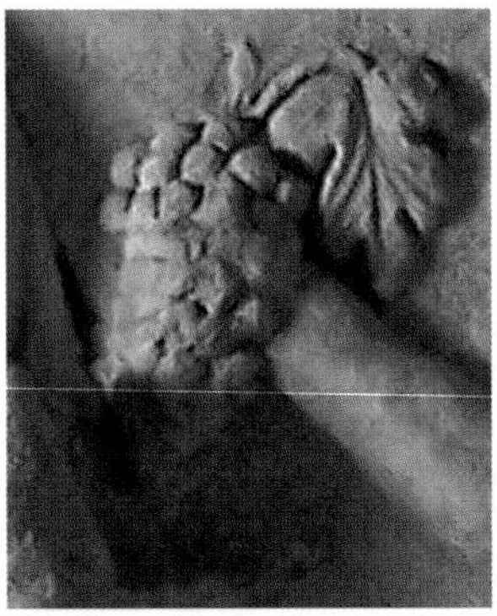

NYSA VE BEBEK DİONYSOS

Peri (*nymphe*) Nysa, bebek Dionysos'u kucağında tutmaktadır. Dionysos, kendisinin ormandaki yandaşlarından olan satirin elindeki üzüm salkımına uzanmaktadır. Dionysos, Zeus'un Semele'den olma çocuğudur ve Zeus'un eşi Hera'dan korunup doğal ortamda büyümesi için Nysa dağındaki perilere verilmiştir. Nysa, Menderes vadisinde, Aphrodisias yakınında olduğundan, bahsedilen hikaye yerel bir hikayedir.

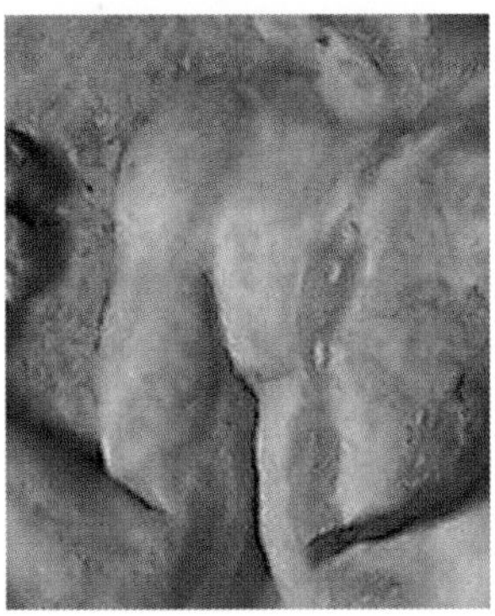

NYSA AND BABY DIONYSOS

The nymph Nysa has the baby Dionysos on her lap. He reaches out to a bunch of grapes held up by a satyr, one of his woodland followers. Dionysos was son of Zeus by Semele, and was given to the nymphs of Mt Nysa for an upbringing in the wilds, safe from the eyes of Hera, Zeus's wife. Nysa was located in the Meander valley, near Aphrodisias: the story was local.

AGON

Sahne, atletik bir yarışmanın (*agōn*) sembolik ifadesidir. Üzerinde sakallı baş olan sütun, gymnasium (spor) tanrısı Hermes'i temsil eder. Hermes'in yanında, bir zafer palmiyesi ve bir masa durmaktadır. Masanın üzerinde yarışmanın ödülü ve zafer kurdelesi vardır. İki adet kanatlı bebek Eros, bugün tahrip olmuş bir palmiye dalı için çekişmektedir. Eroslar, arkada duran genç figürün kişileştirdiği müsabaka fikrinin dışavurumudurlar. Elinde zafer palmiyesi tutan genç figür ise Agon'un kendisidir.

AGON

The scene is an allegory of athletic contest (or *agōn*). The pillar with bearded head is Hermes, the god of the gymnasium. Nearby is a palm of victory and a prize table with a victory ribbon on it. Two winged baby Eros figures are struggling over a palm branch (now mostly broken): they act out the idea of contest, which is personified in the youthful figure behind. He holds another palm of victory: he is Agon himself.

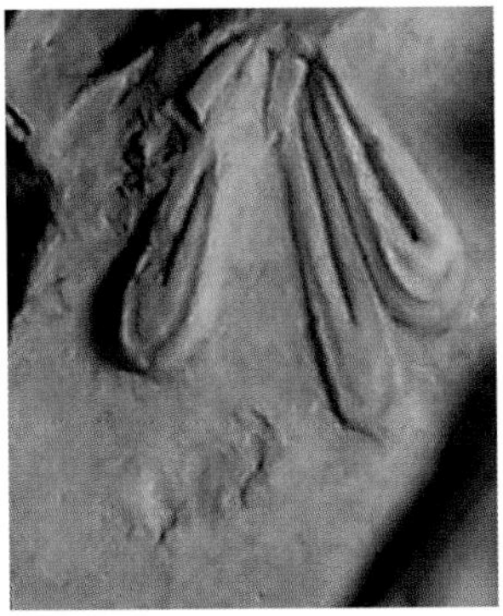

SARHOŞ DİONYSOS

Zıplayarak yürüyen bir orman perisi (*nymphe*), küçük bir satire halsizce dayanan sarhoş Dionysos'a yol göstermektedir. Akıcı bir üslupla tasarlanmış Helenistik tarzdaki sahne, Dionysos'a özgü zevk ve eğlence hayatının ifadesidir.

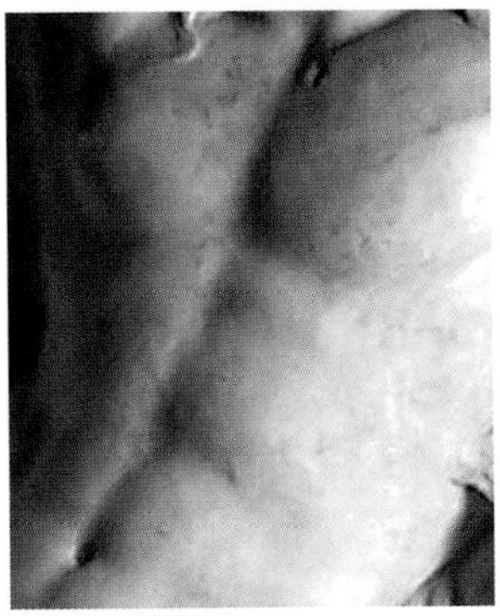

DRUNKEN DIONYSOS

A prancing woodland nymph leads drunken Dionysos who supports himself languidly on a small satyr. This is an image of Dionysian enjoyment and pleasure, hellenistic in style and fluently designed.

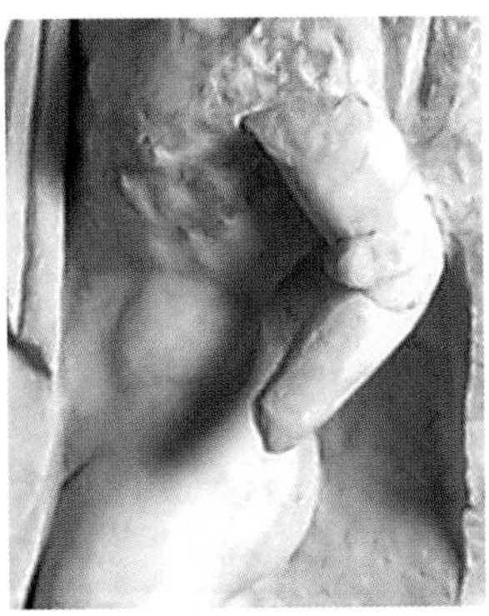

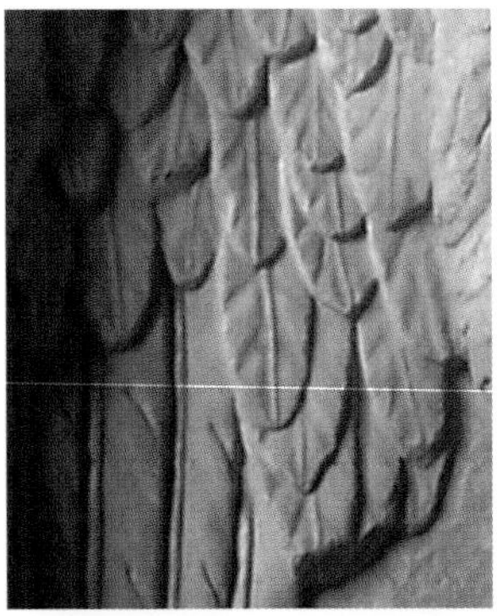

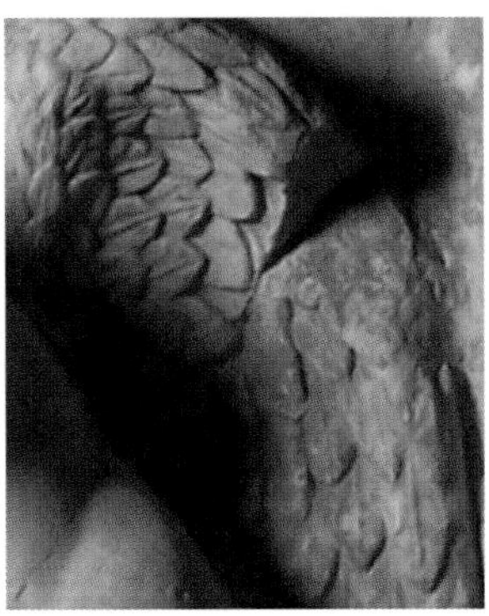

LEDA VE KUĞU

Kuğu kılığındaki Zeus, Sparta prensesi Leda'ya tecavüze yeltenmektedir. Kuğu, açık kanatlarının ucunda durmakta, perdeli ayağını, mücadele eden iffetli Leda'nın bacağına bastırmaktadır. Küçük bir Eros, kuğuyu arkasından desteklemektedir. Bu birleşmeden büyük bir yumurta oluşacak, yumurtadan da Helen ve Dioskur ikizleri, yani Kastor ve Polydeukes doğacaktır.

LEDA AND SWAN

Zeus disguised as a swan assaults the Spartan princess Leda. The bird stands on the tips of its outspread wings and presses its webbed foot on the thigh of modest, struggling Leda. The swan is supported from behind by a small Eros. From this encounter came a large egg from which were born Helen and the Dioskouroi twins, Kastor and Polydeukes.

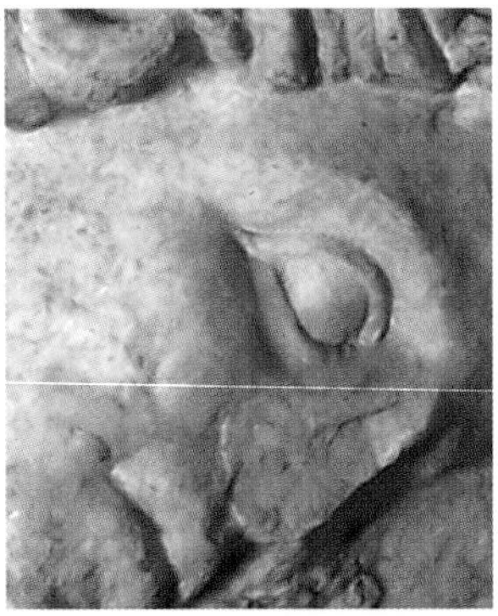

POLYPHEMOS VE GALATEİA

Diğer bir mitolojik aşk hikayesi, Aphrodite'nin gücünü ortaya koymaktadır. Deniz perisi (*nymphe*) Galateia, kyklop Polyphemos'un mağarasında, kaba devin şehvetli kurlarına direnmektedir. Polyphemos, bir kaya üzerinde oturmakta, Galateia'yı bacaklarının arasına çekmeye çalışmaktadır. Galateia'nın arkasında görülen büyük el Polyphemos'un sağ elidir.

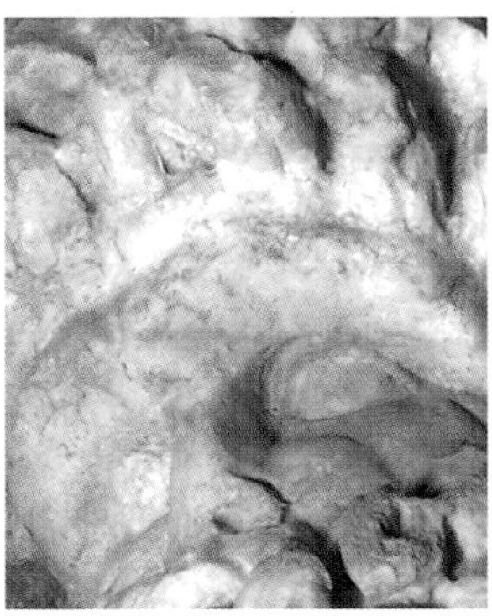

POLYPHEMOS AND GALATEA

Another mythological love story affirms the power of Aphrodite. The sea nymph Galatea resists the lustful advances of the beastly cyclops Polyphemos in his cave. Polyphemos sits on a rock and tries to pull Galatea between his legs. His right arm is round her back: note the huge hand above her backside.

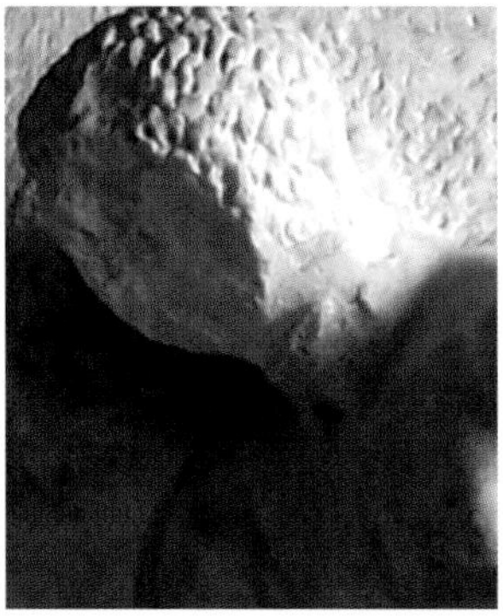

İO VE ARGOS

Kılıç tutan güçlü bir kahraman, sandık gibi bir tabureye oturan yarı çıplak ve darmadağın genç kadına gözlerini dikmiş bakmaktadır. İkisinin arasında, sütundan bir kaide üzerinde küçük bir tanrıça heykeli durmaktadır (günümüze ulaşmamıştır). Sahne, en çok İo'nun Argos tarafından gözetlenmesi hikayesi için kullanılan kalıba uygundur. İo, Zeus'un sevgililerinden biridir ve Argos, Zeus'un eşi Hera tarafından İo'yu gözetlemekle görevlendirilmiş bir devdir.

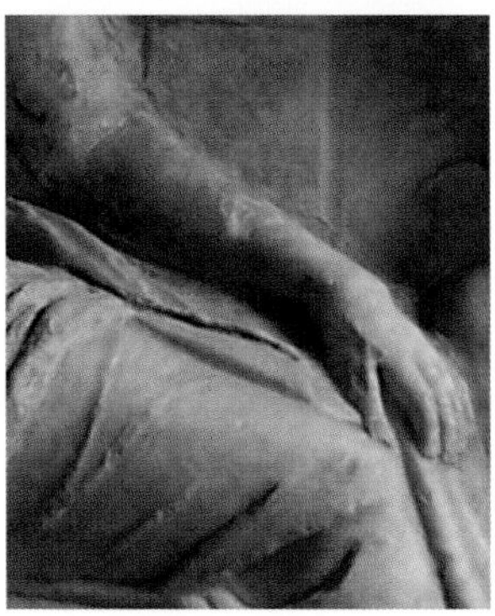

IO AND ARGOS

A powerful hero holding a sword gazes closely at a half-naked and dishevelled young heroine who sits on a chest-like stool. Between, on a pillar-base stood a small, separately added statue of a goddess (now missing). The scene follows a scheme used for (among others) Io guarded by Argos. Io was one of Zeus's lovers, and Argos was a watchful giant sent to guard her by Hera, Zeus's wife.

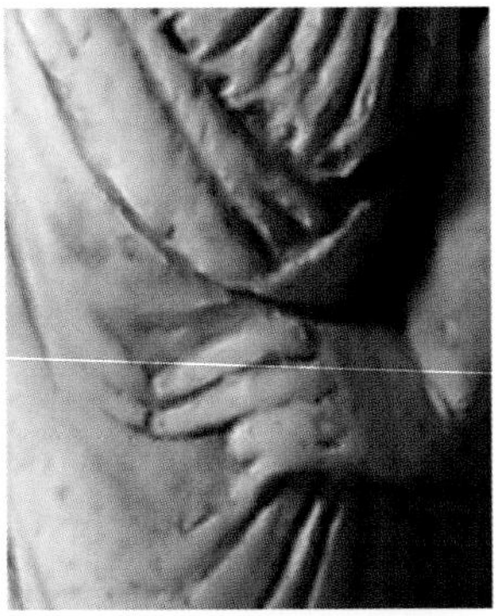

APOLLON VE MOUSA (ESİN PERİSİ)

Solda Apollon, bir ayağını kayaya koymuş, omphalos taşının (Delphi'deki dünyanın merkezini belirten taş) üzerindeki lirini çalmaktadır. Sağda, Apollon'un lirinin bir ucundan tutan Mousa (esin perisi) görülmektedir.

APOLLO AND MUSE

On the left stood Apollo, one foot raised on a rock, playing his lyre which rests on top of the omphalos (the earth's navel stone, tied down at Delphi). On the right stands a Muse holding one arm of Apollo's lyre.

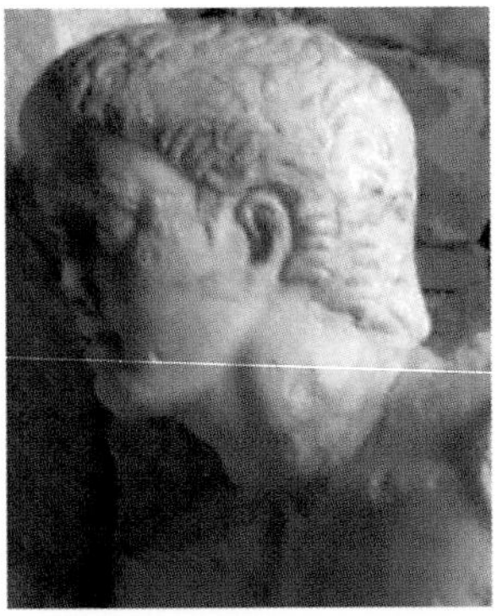

ORESTES DELPHİ'DE

Annesini öldürdükten sonra Delphi'deki Apollon tapınağına sığınan Orestes, Atina'da yargılanmak üzere tapınağı terketmektedir. Kahraman, uyuyan bir Furi'nin (intikam tanrıçası) üzerine basmakta, elinde bir kılıç tutmaktadır. Kahramanın diğer eli ise hâlâ Apollon'un üçayağı üzerindedir. Furi'nin, suçlulara işkence etmek için kullandığı bir yılanı ve yanan bir meşalesi vardır. Üstteki küçük peri (*nymphe*), Delphi'deki Parnassos Dağı'nda bir kayaya oturmaktadır.

ORESTES AT DELPHI

Orestes, who has sought sanctuary at Delphi after murdering his mother, leaves Apollo's shrine on his way to stand trial in Athens. The hero steps gingerly over a sleeping Fury; he brandishes a sword and still holds onto Apollo's tripod. The Fury has a snake and a burning torch with which she torments malefactors. A small local nymph sits above on a rocky outcrop of Delphi's Mt Parnassos.

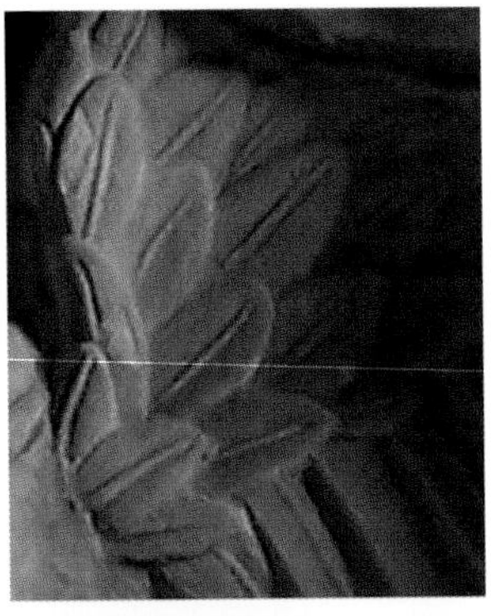

BELLEROPHONTES

Bellerophontes, Aphrodisias'ın kurucusu olduğuna inanılan Likyalı kahramandır. Kahraman, atı Pegasus'u tutmaktadır. Sahne, bu dizideki bir başka kabartma panel (*Soylu kahraman ve av köpekleri*) model alınarak tasarlanmıştır. Heykeltraşlık başarılı değildir; belli ki heykeltraş henüz sanatını öğrenme aşamasındadır.

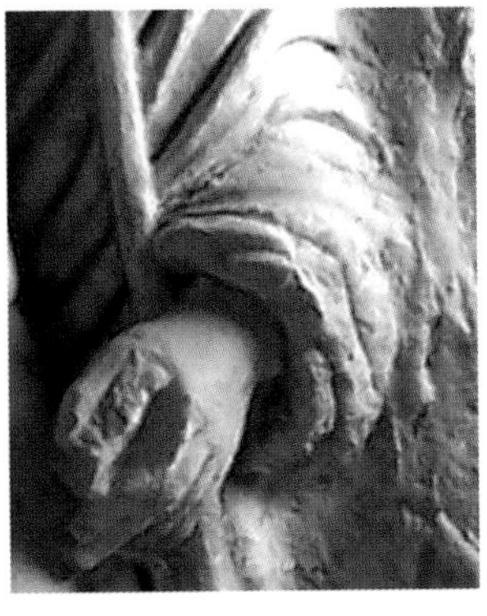

BELLEROPHON

Bellerophon was a Lykian hero, and was claimed as a founder at Aphrodisias. He holds his winged horse Pegasos. The design was modeled on another relief panel in this series (*Royal hero with two hunting dogs*). The carving is poor: the sculptor seems still to have been learning his craft.

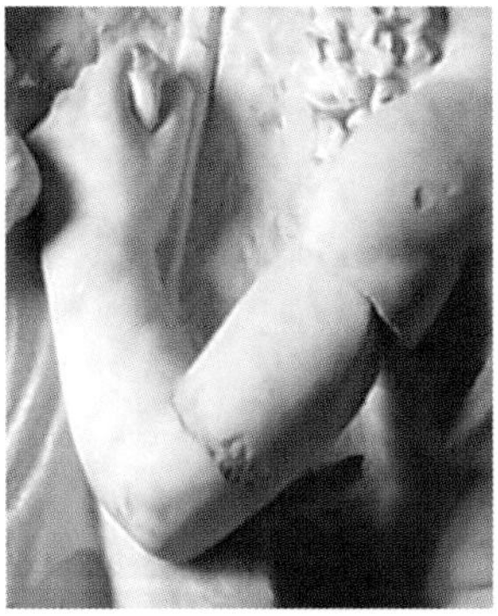

HERAKLES VE ANTAİOS

Herakles, Libyalı dev Antaios ile güreşe hazırlanmaktadır. Herakles (solda), yay kılıfını çıkarmış, kırda duran sütunumsu heykele asmaktadır. Antaios (sağda), kulaklarını korumak amacıyla başını sarmaktadır; yanında ise güreş sahasında kullanılan yağ teknesi durmaktadır. Ünlü bir güreşçi olan Antaios, Herakles tarafından yenilinceye kadar, ülkesine gelen ziyaretçilere kafa tutmuş ve hepsini öldürmüştür.

HERAKLES AND ANTAIOS

Herakles is preparing to wrestle the Libyan giant Antaios. Herakles (left) is taking off his bow-case to hang it on a rustic pillar-statue. Antaios (right) is binding up his head with ear-protectors; next to him stands an oil basin as used in the palaistra (wrestling ground). Antaios was a famous wrestler and challenged and killed all visitors to his country, until defeated by Herakles.

KAHRAMAN ÇİFT

Kadın kahraman, tek göğsü açık bir halde bir kayaya oturmuştur. Önünde, genç bir kahraman durmaktadır. İkisinin arasındaki kaide üstünde ise küçük bir Aphrodite heykeli bulunmaktadır. Kabartmanın konusu aşk ilişkisidir; fakat birçok mitolojik çift arasından hangi çiftin betimlendiği anlaşılamamaktadır.

HEROIC COUPLE

A heroine sits on a rock with one breast bare. In front of her, stands a young hero. Between them, a small statue of Aphrodite stands on a support. The subject is a love encounter, but it is not clear which of many possible heroic couples was intended.

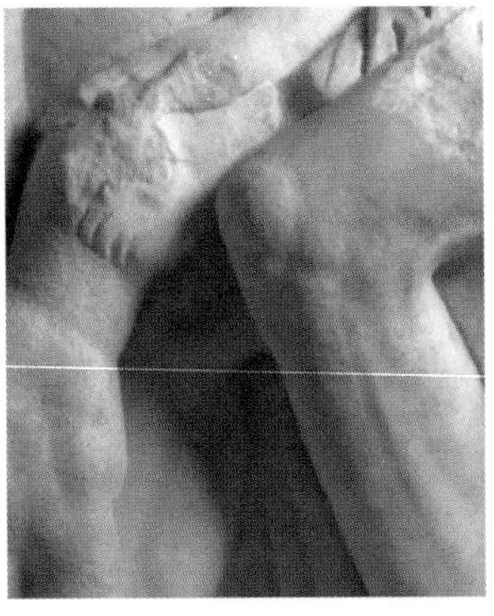

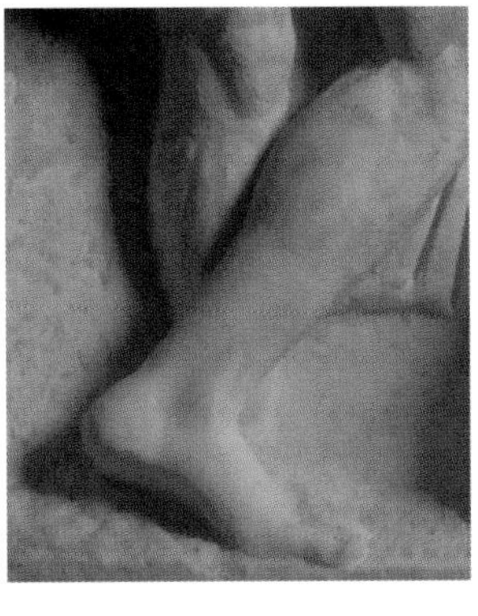

ÜÇ KAHRAMAN VE KÖPEK

İki genç kahraman, dişi bir av köpeğinin başını okşayan, kayaya oturmuş üçüncü bir kahramanın önünde durmaktadır. Kahramanların tümü avcıdır. Bu kabartma, biri Meleagros ile Atalante'yi, diğeri de Meleagros ve Kalydon yaban domuzunu betimleyen sonraki iki kabartma ile birlikte bir grup oluşturmaktadır.

THREE HEROES WITH DOG

Two heroes stand in front of a third hero who is seated on a rock and pats the head of a bitch hound. They are hunters and should be taken in a group with the next two reliefs, which show Meleager with Atalante and then Meleager with the Calydonian boar.

MELEAGROS VE ATALANTE

Meleagros, bir taşın üzerine oturmuş, sandaletini bağlamaktadır. Ayağının altında, geniş tasmalı vahşi bir av köpeği durmaktadır. Bir tarafta, yuvarlak bir başlık giymiş tanrı veya kahraman, Meleagros'u taçlandırmaktadır. Diğer tarafta ise, Meleagros'un sevgilisi avcı kadın Atalante durmaktadır. Kısa bir giysi giymiş ve ok kılıfı takmış olan Atalante, omzundaki pelerinini iffet ve kur yapma ifadesi olarak yukarı kaldırmaktadır.

MELEAGER AND ATALANTE

Meleager sits on a rock tying his sandal. Below him lies a fierce hunting dog with a broad collar. On one side a god or another hero wearing a rounded hat was crowning Meleager (arm is missing). On the other side stands the huntress Atalante, Meleager's lover: she wears a short dress and quiver, and lifts her cloak at the shoulder in a gesture of modesty and flirtation.

MELEAGROS VE YABAN DOMUZU

Çıplak Meleagros, bir kayalığın önünde ayaktadır. Önde, Kalydon yaban domuzu ölü olarak durmaktadır. Üst tarafta, yerel bir dağ perisi (*nymphe*), kayalıkların arkasından belirmektedir. Yaban domuzu avı, Kalydon'daki Zygos Dağı'nda gerçekleşmiştir.

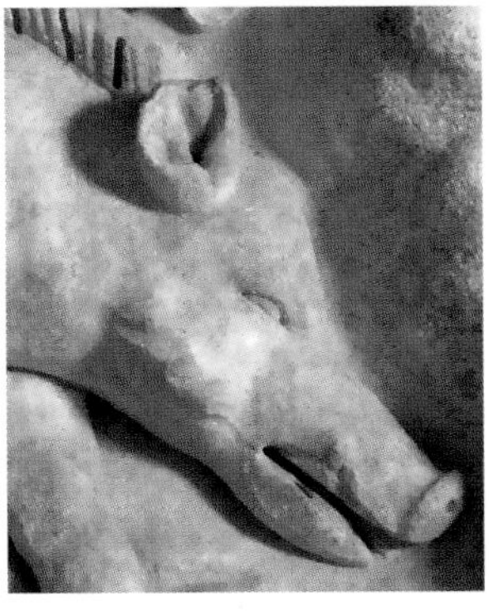

MELEAGER AND BOAR

The naked hero stands in front of a rocky backdrop. In the foreground lies the dead Calydonian boar. Above, a local mountain nymph emerges from behind a fold in the landscape. The boar hunt took place on the imposing Mt Zygos at Calydon.

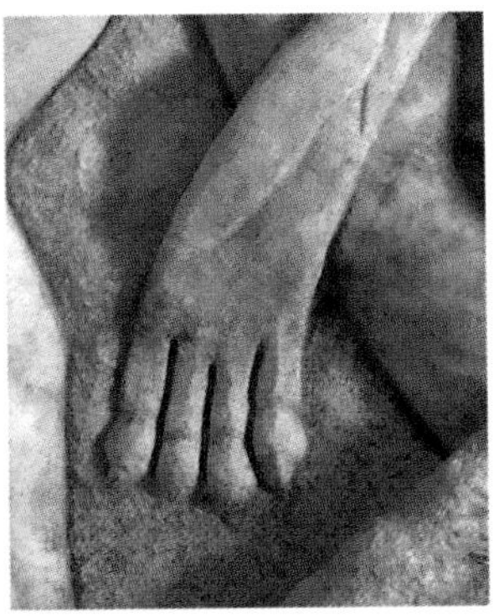

HERAKLES TARAFINDAN KURTARILAN PROMETHEUS

Prometheus acı içinde haykırmaktadır. Zeus, onu, insanlara ateşi verdiği için korkunç bir cezaya çarptırmıştır: Hergün gelen bir kartal, Kafkas Dağları'na bağlanmış olan Prometheus'un ciğerini yemektedir. Herakles kartalı öldürmüş, kahramanı bağlayan ilk kelepçeyi açmaktadır. Herakles'in kendisine özgü aslan postu omzunda, topuzu da yanındadır. Küçük bir dağ perisi (*nymphe*), elinde ucu kıvrık avcı değneği ile yukarıdaki kayalıkta belirmiştir.

PROMETHEUS FREED BY HERAKLES

Prometheus is screaming in pain. Zeus had given him a terrible punishment for giving fire to man: he was tied to the Caucasus mountains and had his liver pecked out daily by an eagle. Herakles has shot the eagle and is undoing the first mannacle. He wears his trade-mark lion-skin and has thrown his club aside. A small mountain nymph, holding a throwing stick, appears among the rocks above.

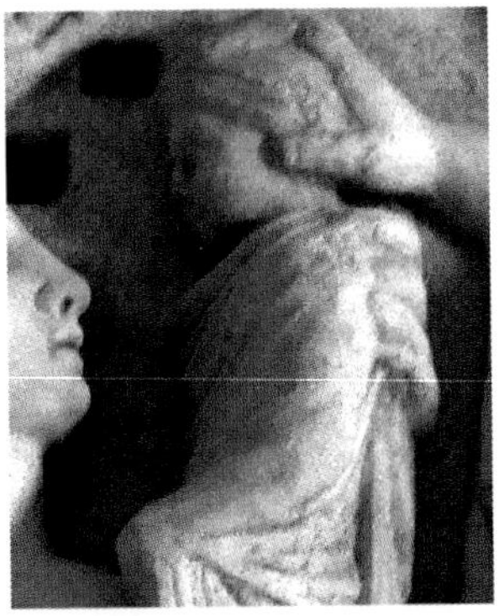

PERİLER VE BEBEK DİONYSOS

Kundağa sarılı bebek Dionysos, bir periden (*nymphe*) diğerine emzirilmek için verilmektedir. Sakallı bir Silenos, heyecanla kollarını oynatmakta, şarkı söyler ya da dans eder gibi ayağını yere vurmaktadır. Hikaye, yakınlarda bulunan Menderes vadisindeki Nysa'da geçmektedir. Zeus, burada, Semele'den olma üstün çocuğunun, doğa içinde eşi Hera'dan uzakta yetişmesini sağlamaktadır.

NYMPHS WITH BABY DIONYSOS

A heavily wrapped baby Dionysos is handed from one nymph to another for suckling. A bearded Silenos gestures excitedly with his arms and taps his foot as though singing or about to dance. The scene is set at nearby Nysa in the Meander valley, where Zeus had his gifted child Dionysos, born to him by Semele, brought up in the wilds out of view of his wife Hera.

AKHİLLEUS VE PENTHESİLEA

Akhilleus, ölümcül derecede yaraladığı yere düşen Amazon kraliçesi Penthesilea'yı kaldırmaktadır. Penthesilea'nın çift ağızlı baltası elinden kaymaktadır. Kraliçe, Troia Savaşı'nda işgalci Yunanlılara karşı savaşmaya gelmiştir. Akhilleus, burada betimlenen zaman aralığında, yani kraliçenin yaralandığı ve Akhilleus'un kollarında can verdiği süre içinde, kraliçeye aşık olmuştur.

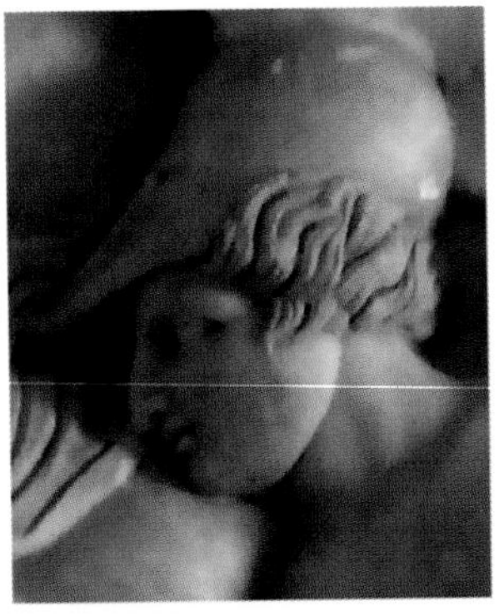

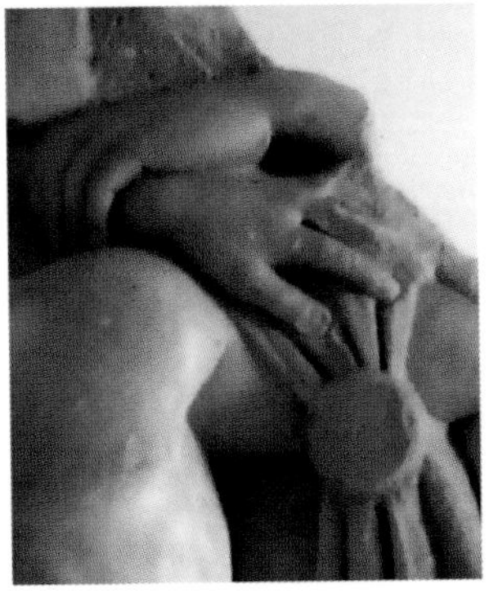

ACHILLES AND PENTHESILEA

Achilles supports the slumping figure of the Amazon queen Penthesilea, whom he has mortally wounded. Her double-headed axe slips from her hand. The queen had come to fight in the Trojan War against the invading Greeks. Between her being wounded and dying in his arms – the time represented here – Achilles fell in love with her.

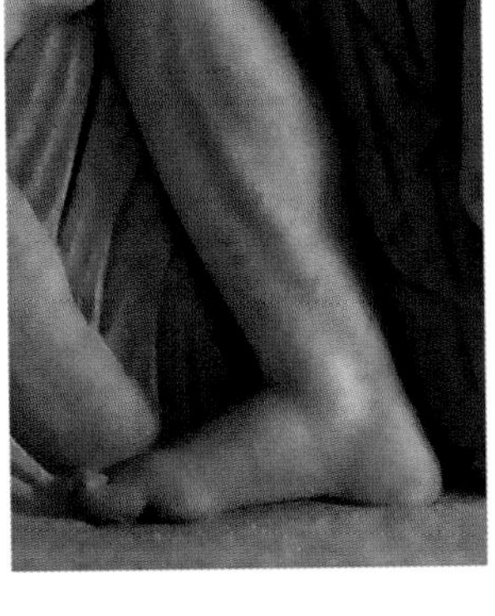

İMPARATORLARIN ZAFERLERİ
VICTORY OF EMPERORS

'İmparatorların Zaferleri' (*Neikē Sebastōn*) yazıtlı kaide, kabartmanın konusunu ortaya koymakta ve bitişik kabartmalarda yer alan Britanya ile Ermenistan'ın fethine atıfta bulunmaktadır. Yarı çıplak Victoria (Zafer) figürü çapraz biçimde uçmakta ve omzunda büyük bir zafer direği (*trophe*) taşımaktadır. Bugün tahrip olmuş kanatlı bir Eros, bu simgesel direğin sağ ucundan tutmaktadır. Victoria, imparatorluğu simgeleyen temel figürlerden biridir.

The inscription identifies the subject as 'Victory of Emperors' (*Neikē Sebastōn*), and refers to the conquest of Armenia and Britannia in the adjacent reliefs. A half-naked Victory flies diagonally across the panel, carrying a military trophy over her shoulder. A small winged Eros, now damaged, was clinging to the end of the trophy pole. Victory was a key imperial attribute.

TANRIÇA

Tahrip edilmiş giyimli tanrıça, kısa tünik giyen bir erkek çocuğu tarafından kendisine kurban olarak sunulan keçi veya oğlağı kabul etmektedir. Aşağıdan bakan biri tarafından görülemeyeceğinden, kompozisyonun alt tarafındaki ayaklar ve bacaklar tahribattan kurtulmuştur.

GODDESS

A defaced draped goddess receives the sacrifice of a goat or kid manoeuvred by a boy attendant wearing a short tunic. The lowest parts of the composition, the feet and lower legs, escaped defacing because they could not be seen from below.

ZEUS

Tahtında oturan Olymposlu tanrı, sağ tarafındaki (tahrip olmuş) kartal sayesinde Zeus olarak tanımlanmıştır. Her iki tarafındaki kabartmalar gibi, bu kabartma da muhtemelen M.S. 6. yüzyılda Hristiyanlar tarafından tahrip edilmiştir.

ZEUS

The Olympian god sitting on a throne is identified as Zeus by the (damaged) eagle which stood to the right. As on the reliefs to either side, the figure was defaced on Christian initiative, probably in the sixth century AD.

ATHENA

Tahrip edilmiş bir Athena figürü, sol eliyle yuvarlak bir kalkanın ucunu, yukarı kaldırdığı sağ eliyle de (bugüne ulaşmayan) bir mızrak tutmaktadır.

ATHENA

A defaced Athena held the rim of a round hoplite shield in her left hand and a (missing) spear in her raised right hand.

ASKLEPİOS

Tahrip edilmiş tanrı figürü, uzun bir topuz veya asaya dayanmaktadır. Figürün pozu, giyimi ve uzun asası, kendisinin hekim tanrı Asklepios olduğunu göstermektedir. Tanrı, kızı Hygieia ile bir grup oluşturmaktadır.

KAHRAMAN, ZEUS'A KURBAN SUNUYOR

Tahrip olmuş kabartma, kent kurucusu bir kahramanı (sağda), Zeus heykeli (solda) önündeki sunağa libasyon (sıvı adağı) yaparken betimlemektedir. Kahramana hizmet eden erkek çocuk, sunağın arkasındadır. Pençeleri arasında dal tutan bir kartal süzülerek yere inmekte, böylece kült veya kent kuruluşu için gerekli alamet gerçekleşmektedir. Zeus, Aphrodisias'ta, Aphrodite'den sonra gelen en önemli tanrıdır.

ASKLEPIOS

The defaced figure of the god was leaning on a long club or stick. The pose, dress, and long stick identify the healing god Asklepios. He was paired with his daughter Hygieia.

HERO SACRIFICES TO ZEUS

The defaced relief showed a founding hero (right) pouring a libation onto an altar in front of a statue of Zeus (left). A boy attendant stands behind. An eagle flies down holding a branch in its claws -
- the good omen needed for the foundation of a cult or city. Zeus was the next most important god at Aphrodisias after Aphrodite.

SARHOŞ HERAKLES

Sarhoş vaziyette sendelemekte olan Herakles, Dionysos'un âleminden küçük bir satire yaslanmaktadır. Dionysos'la rakip olduğu içki içme yarışmasından dönen Herakles, içki âlemine özgü bir saç bandı takmaktadır. Şarap tanrısı Dionysos, on iki işi başarıyla tamamlayan kahraman Herakles'i bile yenmiştir.

DRUNKEN HERAKLES

Herakles staggers along drunk, supported by a small satyr from the entourage of Dionysos. He is wearing the head-ribbon of a drinking party, where he has been in a drinking contest with Dionysos. The wine-god has conquered even the mighty hero of the Twelve Labours.